与最聪明的人共同进化

HERE COMES EVERYBODY

CHEERS

如何成为创意组织

The Creative Power of Collaboration

［美］凯斯·索耶（Keith Sawyer）著

汤超颖 高 鹏 元 颖 译

四川人民出版社

你了解创意组织吗

1.（多选）创意组织的创新通常：

    A. 需要时间   B. 存在滞后效应

    C. 是低效率的   D. 自下而上出现

2.（单选）下列对于商业创新团队的比喻最贴切的是：

    A. 交响乐团   B. 爵士乐团

    C. 仪仗队   D. 流水线

3.（多选）团队心流的产生条件包括：

    A. 团队目标   B. 平等参与

    C. 交流沟通   D. 讨厌失败

4.（多选）导致"头脑风暴"团队创造力低下的原因不包括：

    A. 生成受阻   B. 社会抑制

    C. 思维定式   D. 社会惰怠

5.（单选）第一台现代意义上的自动取款机被安装在：

    A. 花旗银行   B. 纽约化学银行

    C. 美国银行   D. 苏格兰皇家银行

6.（多选）创造力的核心包括哪些日常的心智过程：

    A. 概念迁移   B. 概念组合

    C. 概念精化   D. 概念创新

7.（多选）合作型组织的秘诀包括：

    A. 设立突击队   B. 为创意提供时间

    C. 建立关系网   D. 打破组织内的界限

8.（单选）合作网的特征不包括：

    A. 每项创新都建立在以往创新的基础之上

    B. 多样化的发明是不常见的

    C. 团队之间频繁互动

    D. 存在独占网络的公司

9.（单选）更接近合作网自然行为的法律体系规范不包括：

    A. 延长版权保护期   B. 取消竞业禁止条款

    C. 取消共享专利权   D. 鼓励形成行业标准

10.（多选）Twitter 的哪些功能是由用户创建的：

    A. 使用 @ 符号来回复另一个用户

    B. 使用标签 # 创建主题流

    C. 在推文中插入其他网站内容的链接

    D. 搜索推文的实时流

扫码下载"湛庐阅读"App，
搜索"如何成为创意组织"，获取测试题答案。

创造力来自合作性团队

得知本书的中文版即将出版，我感到非常荣幸，这说明中国人对创造力与创新一直有着密切的关注。在过去十几年里，世界上的发达国家已经开始了从工业经济到知识经济的转型，在知识经济中，创造力、创新、独创性是经济成长的驱动力。如今发达国家的制造业趋于萎缩，而中国已经建立了强大的工业基础。在未来的日子里，知识和创新对经济发展的作用将日益凸显，中国遵循以往的发展轨迹是否能取得持续的发展将成为一个问题。与其他发展中国家一样，中国也会日益转向基于创造力与创新的知识经济。

未来的创新型公司需要哪类领导者？在创新型组织中，领导者的基本任务是让员工和组织的创造潜力得到最好的发挥。不幸的是，许多人错误地认为公司的创新取决于一些杰出的、有创造力的发明者和企业家。也就是说，管理者将雇用最有创造力的员工，或者将一部分有天赋的员工培训成为最具创造力的人，如此而已。对于组织的其他人而言，不存在什么创造力，多数员工只需要在重复的、非创新性任务上开展有效率的工作即可。

我在本书中介绍了最新的研究，研究结果告诉我们，这种观点是一种谬论。在创新型公司里，除了令人敬仰的少数天才外，每个人都应该参与创造。创新研究者发现，创新从来都不是由一个独立的个体带来的。相反，创造力依托于社会，最重要的创造性灵感来自合作性团队。成功创新的公司都是将来自诸多团队的合作性创意转化为一件产品。成功创新的公司都是与客户、供应商和重要的业务伙伴建立了强有力的密切联系。在创新型组织中，领导者必须致力于提高每个人的创造力，将每个人的创造力加以交汇，从而带来组织整体的成功。

跨文化差异研究发现，反映文化差异的最重要变量是个人主义与集体主义。通常人们认为美国是信仰个人主义的代表，在这种价值观中社会应当致力于帮助每个个体发挥他们的潜能。在个人主义导向的文化中，创造力常常类似另起炉灶，它意味着某人拒绝惯例，坚持自己的观点，忽视前例，做成一些未曾有过的东西。在个人主义导向的文化中，这样的个体受到人们的尊敬和崇拜。相反，人们通常认为中国是集体主义信仰系统的代表，在这个系统中，个体致力于扩大自己在社会中的和谐性影响与关系。在集体主义导向的文化中，假如个体的独特观点会扰乱大的社会网络与系统，这就是不好的。没有独特观点的个体同样受到他人的尊敬。当然，我们可以看到，各个国家的文化导向类型是多样的，其中可能含有个人主义与集体主义系统中的若干要素。

绝对的个人主义与集体主义可能会阻碍创造。个人主义导向下的美国文化强调创造力来自孤独的、拒绝惯例、采用独特个人视角的天才，这种观点是有问题的。你在阅读本书的过程中可能会了解到，创造力从来不是来自单一的个体，它来自集体，需要共同工作，每个人都会对最终的结果做出部分贡献。

然而，不是所有的团队都能成功地创新。在本书中，我提及的一些研究已经证明了成功的创新型团队的特点，以及哪类团队会简单地强化现有的秩序，更容易对创造力造成妨碍。例如，与成员相处快乐的团队相比，有争议和异议的团队常常更富有创造力。如果团队中的成员过于关心一致性和团队中的和气，就很难有创造力。

对于所有的组织，不论是东方的还是西方的，创造力管理的难点在于平衡真正的创新所需的个体贡献与团队合作。我希望通过本书传达这方面的研究：如何平衡个人主义与团队合作，使组织的创新最大化。欢迎你与我一起面对这一激动人心的挑战！

第三部分

合作网，创意组织的新形态

不再激进的想法，创新源于合作

2006 年，我接受 CNN 的邀请，参加由桑贾伊·古普塔（Sanjay Gupta）主持的一小时特别节目《天才》（*Genius*）。这对我可是个挑战：如何将大量专业知识浓缩为 10 分钟讲完的内容？又如何选择观众感兴趣的素材呢？要知道，我有 10 年的商业经验，为花旗银行和美国西部公司（U. S. West）这样的企业做过创新管理咨询。从在芝加哥大学攻读心理学博士至今，我已经研究创造力达 15 年之久，同时从高中开始就一直在演奏爵士钢琴。

不过，我没花多长时间就确定了节目素材。我将节目组工作人员带到芝加哥 iO 剧院的舞台剧表演现场，这个颇具影响力的即兴创作剧院曾推出了著名演员麦克·梅尔斯（Mike Myers）、喜剧天后蒂娜·菲（Tina Fey）以及后来的喜剧明星克里斯·法利（Chris Farley）。驱使我这样做的原因是我从研究和实践经验中得到的结论：合作，是突破性创新的奥秘所在。我花了整整 10 年的时间研究芝加哥演员如何在舞台上即兴表演，并从中体会到即兴团队合作形式的纯粹性。在 CNN 特别节目中，其他嘉宾谈论的都是"天才个体",比如关于天才儿童和大脑成像,但是在谈及创造力时,我提出的"天才团队"主题成了节目的焦点。

当 2007 年本书第一版出版时,声称合作带来创造力的想法是相当激进的。那个时候,大家公认的智慧是,有才华的人都是自己想出有创意的想法。企业领导者通过提供免费午餐、日托和台球桌等手段来竞相聘请最具创意的专业人士,他们都确信,需要特殊的天才带来创新。绝大多数创造力方面的图书也只是告诉人们如何想出更有创意的点子。

如今,合作推动创新的证据是具有压倒性的。2015 年,大多数高管表示,更多的合作会带来更高的利润。2016 年,《哈佛商业评论》报道称,在过去的 20 年里,员工合作的时间大大增加,许多员工现在有80% 的时间用在了合作活动上。2016 年,《纽约时报》写道:"团队现在是组织的精神元。"如今,所有的人都认为创新的关键是合作。

但事实证明,成功地合作是困难的。头脑风暴就是一个很好的例子,大量研究表明这套很受欢迎的方法其实是在浪费时间。无效的合作和具有反作用的团队工作有很多,苏珊·凯恩(Susan Cain)的畅销书《内向性格的竞争力》认为,"当人们独处时,会更有效、更有创造力、更成功"。她提出日益重视团队工作是一种"新群体思维"。然而事实是,尽管商业媒体提供了诸多建议,许多公司仍然不知道如何进行创造性的合作。

这就是研究的切入点。我的研究表明:在现实世界中,只有特定类型的合作——即兴创作,是可以被指导和计划的,但是应该以一种不会扼杀即兴创作继而产生意外见解的方式去指导和计划。幸运的是,目前研究已经指出了其中的奥妙。例如，我将指出当一个团队经历了"团队心流"时，即兴创造更可能降临。这是与米哈里·希斯赞特米哈伊（Mihaly Csikszentmihalyi）提出的著名的"心流"理论相似的一种团队状况，即人们在工作中达到巅峰状态时，会浑然忘却时间。我还会告诉大家如何组建头脑风暴团队，来调用全部的创造潜能。[①]

大多数团队从未经历过团队心流，了解这项研究将帮助你获得这种高峰体验。此外，我还展示了如何通过建立头脑风暴团队来充分实现创造力潜能。今天的互联网工具如 Slack、Google+、WebEx、Basecamp，使合作比以往更容易了，使用互联网工具的公司每月都在增加。关键的业务功能已经迁移到云端，允许每个人更有效地合作并访问相同的数据。Facebook、Instagram、Vine 和 Pinterest 这样的社交媒体网站扩展了人们的社交网络，把大家聚集在一起。我们比以往任何时候都更需要了解如何利用这些工具来促进创造性合作。

在为本书第二版做研究时，我买了很多讲合作的新书，为此不得不新买了一个书架。但是，尽管有这么多的关注，一些关于团队创造力的最令人兴奋的研究却被忽视了。在本书第二版中，我想与大家分享一下这一领域的独特见解。我把研究放在面对面的合作、日常的交谈，甚至是爵士乐、戏剧和篮球队，以及最新的基于互联网的合作科学上。在科学技术的早期，计算机把人们隔离在格子间里，而如今的科学技术把人们联系了一起，更加人性化。本书展示了如何利用社交媒体和建立在人类深层需求基础上的商业应用程序来与他人高效合作。

---

① 想了解希斯赞特米哈伊关于创造力的更多观点，推荐阅读由湛庐文化策划，浙江人民出版社出版的《创造力》。——编者注

学院派的心理学家在研究个体心智时，往往通过精心设置的实验间接进行研究，或通过新的成像技术直接研究大脑功能。当我开始研究创造力时，也使用了同样的方法研究人们创新时的心理过程。我采访了爵士音乐家，并提出了解释即兴创作的理论。

但是没过多久，我就对将关注点放在个体身上感到失望了。多年演奏爵士钢琴的经验使我确信，无法依据个体的心理活动来解释不同场次演出成功与失败的原因。在演出过程中，随时都有一种几乎不被察觉的音乐交流，将演奏引向新的方向，而随后也没人会想得起来这是由谁引发的。因此，在爵士乐演奏中，我们认为是团队，而不是单个演奏家提出了创意。

在商业领域，我曾目睹众多源于团队创造力的创新。20 世纪 80 年代，我大学毕业的第一份工作是为阿拉瑞公司（Arari）设计电子游戏。事实上，每个游戏都受益于持续不断的合作。为了产生新的游戏创意，我每天都和其他设计者交谈，我们经常进行头脑风暴；和我一起工作的平面设计师制作了充满活力的动作画面，使游戏中的人物做出跑、跳和投掷的动作；配乐师则编配了那些令人难忘、逼真的背景声音，这些对于一个游戏都是不可或缺的。我的第二份工作是为花旗银行的技术创新做咨询，我从中了解到首席执行官约翰·里德（John Reed）如何将一群相关专家聚在一起，最终将提款机和信用卡引入人们的日常生活。

受爵士乐演奏和商业经验的启发，我在进入研究生院后不久，就意识到有关个体心智的心理学无法解释团队创造力。于是，我开始寻找研究创造力的其他途径。我发现"交互分析法"（Interaction Analysis）这种研究工具，可以用来研究每一个即时互动交谈是如何令合作变得富有威力的。我应用这种方法研究即兴舞台剧的对话，揭示了团队如何引发意想不到的顿悟。而当我应用这种方法研究了日常谈话、商业会议和头脑风暴之后，我开始理解合作如何推动着创新。

近些年，我采用交互分析法来研究合作创新，并利用它来更好地理解当前的网络经济。比如，分析了谷歌如何通过合作与即兴文化创造了诸如谷歌地图等新创意，思科公司如何通过创新的网络技术使员工聚在一起，从而极大地提高了合作的机会。我的观察说明任何商业成功都是合作的产物，不仅包括代表时代潮流的工业设计公司 IDEO 和苹果等硅谷公司，还包括 3M 和戈尔（W. L. Gore）等传统制造企业，以及高科技实验室。我对创造力的观察越多，就越发意识到绝大多数的重大突破，包括电视、飞机、电子邮件，甚至棋盘游戏"大富翁"，都是来自合作网络，而且这种网络跨越了公司的屏障。

在这一思路下，我收集了许多意义深远的创新故事，包括飞机、电报等历史发明，以及电子邮件和山地自行车等现代发明。从中我得到了一个惊人的发现：即使这些产品的创造不是某一次谈话的结果，追根溯源，在发明的过程中肯定有过某种即兴谈话——细小的灵感得到长期的汇聚，产生了多种可能发展的结果，以及对先前创意的重新诠释。

这些创新都源于看不见的合作网络。本书所描绘的内容都来自我的研究成果（包

交互分析法
Interaction Analysis

交互分析法是一种用于研究人与人之间相互作用的跨学科方法，可以用来研究每一个即时互动交谈是如何令合作变得富有威力的。

括从即兴剧场得到的启示）以及其他社会科学家的成果，我写作本书的目的就是将这种合作网络呈现在大家面前。本书的第一部分介绍了奇特的合作创造的事例，将你引入探索的旅程。这些事例包括针对地震和飓风灾难自发组织的应急网络、军事团队和篮球比赛，它们将告诉你最有效的合作是即兴的，如同芝加哥 iO 剧场在 2006 年 CNN 特别节目中所展现的一样。

在第一部分的末尾，我希望说服大家相信通过合作进行创造的威力。但是你可能依然会怀有疑虑：个体心智不是创造力的最终来源吗？每个创意火花不都来自某个个体吗？事实上，研究发现心智本身已经被内部合作所包裹，即使在完全独自工作的状态下所产生的顿悟，也可以追根溯源至以前的合作。

在本书的第二部分，我将分享关于心智合作本质的令人振奋的新研究成果。你将会兴致勃勃地参与一些创造力游戏，就像顶级研究人员在实验室里使用的游戏一样，这些游戏可以探寻大脑驱动创造性顿悟的过程。我将带你领略一些经典的"顿悟"，体会到"恍然大悟"。你将发现通常我们认为是孤立发生的、有点儿私人化的顿悟，实际上是以合作为基础的。

当《时代周刊》就创造力主题采访我时，我解释了这个研究的关键启示：顿悟的到来不是令人惊奇或具有神秘性的。事实上，科学家已经证实了如何将片刻的顿悟追溯到先前的、有意图的勤奋工作与合作中。这些都告诉我们如何才能从合作中获得创造力，从而更频繁、更成功地产生顿悟。

本书第三部分将目光转向现实世界中震撼性的创新活动，我将证明，那些众所周知的著名发明是出自孤独天才之手的说法是种谬论，同时我将揭示那些著名发明事件背后的故事：电报不是摩尔斯发明的，电灯不是爱迪生发明的，飞机不是莱特兄弟发明的。我们应当忘掉历史上有关这些发明者的评论，事情的真相是团队创造了这些发明。今天，越来越多的创新产生于更为复杂的组织和诸多互动团队中。

第三部分还会带你进入一些当今最具创新性的企业，讲述它们如何设计自己的组织来将合作最大化，进而取得成功的事例。我将介绍思科公司和苹果公司等创新型计算机公司、YouTube 和 eBay 等互联网公司、美国全食超市和宝洁等零售企业，以及丰田和 3M 等制造企业。我以社交媒体如何引领人们进入一个新的合作世界，以及其具有的改变生活并推动创新的巨大潜力作为本书的结尾篇章。

创新推动了今天的经济。希望在未来，个体和组织能够通过发现创造性的方案来解决问题。本书的目的是揭示合作产生创新的独特威力。我希望你能将这些关于团队创造力的顿悟运用到自己的生活中，包括工作、家庭和社区。

GROUP GENIUS

GROUP GENIUS

第一部分

THE CREATIVE POWER OF COLLABORATION

合作团队，
创意组织的神经元

01

合作的威力，
创意诞生的背后

每个创意火花都是来自某个个体吗？
如何读懂成功合作的秘诀？

1903 年 12 月 17 日，凛冽的寒风吹打着北卡罗来纳州的海岸，奥维尔·莱特（Orville Wright）驾驶着手工制作的飞行器以时速 43 公里迎风起飞，当时海岸沙滩救生站的五位救生员目睹了这一过程。飞行器在 12 马力的发动机支撑下飞行了 12 秒，之后降落在离起飞点大约 30 米的地方。接着，奥威尔和他的哥哥威尔伯·莱特（Wilbur Wright）又轮流试飞了三次，最长的一次持续了 59 秒，行程约 250 米。当时没有新闻界人士在场，奥威尔把相机固定在三脚架上，让一位救生员帮忙拍照。照片中，飞行器刚脱离跑道 0.6 米高，威尔伯站在离机翼不远的地方，身体后倾，仿佛被这一壮举惊呆了。这张照片成了历史上有关创新最著名的照片。

这两名来自俄亥俄州代顿市的自行车技师是如何超越拥有充裕资金的顶级科学家们，制造出第一架飞行器的呢？莱特兄弟充分利用了合作的力量：他们频繁地沟通交流，并肩作战，促使了创新的出现。后来威尔伯还透露，弟弟奥维尔和他从小就一起休息，一起玩耍，一起工作，甚至一起思考，交流想法和灵感。这意味着几乎所有的创意都是来自共同交谈、商议和讨论。

　　莱特兄弟的日记详细记载了他们的合作历程，也显示了他们不是依靠单打独斗获得成功的。相反，合作带来了接连不断的创意，每个创意都会点燃下一个创意。莱特兄弟花了四年时间，仔细研读了所有记载鸟类飞行和滑翔机设计的文献，并于1900年首次踏上去基蒂霍克村的旅程。每次试飞后，他们都会对飞行器做出改进。直到1900年的第一季度末，他们终于能安全飞行了，其中好几次飞行高度都超过了90米。

　　在1901年第二次去北卡罗来纳州的旅途中，莱特兄弟发现机翼的升力不足以满足飞机在整个航程中的需要。冬季回到代顿市后，他们制作了一个1.8米长的风洞，还安装了一个与汽油发动机相连的大功率风扇。这期间，他们总共测试过200种机翼。

　　1902年，莱特兄弟第三次去基蒂霍克村时，对飞行已经驾轻就熟了，每天能飞行50次甚至更多。但他们也发现了一个意外的问题，即众所周知的"逆偏航"：当翘起的机翼左转或右转时，飞行器会失去控制而过度倾斜，致使机翼的顶端径直俯冲向地面（莱特兄弟称之为"挖井"）。要想安全飞行，必须得解决这个问题。为此，他们增设了一个垂直的机尾，这起了一定作用，但有时仍难免会横冲直撞。一天，奥威尔告诉威尔伯一个新创意：改造垂直的机尾，用一个控制器来驱动它。威尔伯建议把控制机尾的新电缆绑在机翼扭曲操纵装置上，这样控制器就能同时驱动两个调节装置。这种由合作引发的顿悟是解开谜团的最关键一步：通过添加机翼扭曲操作和一个可移动的机尾，莱特兄弟掌握了控制滑翔机的方法。到此为止，他们已经为动力飞行做好了准备。

1903 年，莱特兄弟设计了自己的汽油发动机和螺旋桨，并扩大飞行器的规模以支撑增加了的机重。为更好地控制，他们又添加了一个垂直尾舵，进一步改善了飞行器的设计。9 月，他们第四次抵达北卡罗来纳州，并花了整整两个月的时间来解决一些不断出现的小问题。最终，在 12 月末那个寒冷的冬天，他们进行了首次持续的、有动力的可操控飞行。

山地车：激发创造力的无形合作

莱特兄弟身边的人目睹了他们两人每天形影不离讨论计划的过程，他们日记的每一页也都记述了这种合作，但很多创造性的合作几乎是无形的。在很大程度上正是这些无形的和没有书面证据的合作揭示着团队创造力的秘密。

山地车的发明是"无形合作"最典型的案例。没有人确切知道这项发明起源于何时何地，可能要追溯到 20 世纪 70 年代早期的加利福尼亚州马林郡。在那个年代，公路自行车竞赛在美国重新得以流行，而马林郡则是自行车竞赛的圣地。比赛淡季，一些自行车手为了找乐子，会骑车穿越塔玛佩斯山（Mount Tamalpais）的泥泞小路，当地人称这座山为塔姆山（Mount Tam），它比旧金山湾高 784 米。由于崎岖山路上的树根和岩石极易毁坏这种价格不菲的自行车，车手们不得不到修车厂寻找废弃的 20 世纪三四十年代生产的自行车轮胎，因为这种富有弹力的厚实轮胎能够应付崎岖的山路。自行车手们发现，当他们以极快的速度沿着一条两边布满橡树和红杉的小路飞驰而下时，向下的冲力一时很难控制，自行车会以非常危险的速度垂直下降约 400 米。

当时，老式的思汶（Schwinn）结构自行车并不是为崎岖不平的山路设计的。当自行车撞击到大的岩石时，大多数会变形，甚至散架。当地一位车手文迪蒂（Vendetti）曾一头撞到路旁的树干上，这棵树因此被戏称为"文迪蒂的脸"。当然，还有一些问题，老式自行车的刹车闸因频繁使用而摩擦生热，上面的润滑油会很快挥发，车驶过的地方就留下一串烟雾。每次在山上骑一趟下来后，车手们不得不重新装满润滑油，这条路也因此被称作"重整之路"。而且，老式自行车没有变速器或传动装置，因此骑车上山几乎是不可能的。

1974年12月1日，三位来自库帕提诺市的车手到马林郡参加一场越野车比赛，他们自称是"翌日污垢俱乐部"（Morrow Dirt Club）。他们骑着老式的低压轮胎自行车，但做了一些改进：在自行车上安装了变速器和复合齿轮，车把也被改造成更具控制力的类似于牛角的形状，现在这一车把已经得到广泛的应用。这样的改进是马林郡的自行车手们从未见过的，很快他们竞相效仿。几乎同时，在科罗拉多州出现了厚实轮胎的自行车。科罗拉多州美景众多、山路崎岖，是骑自行车的理想去处，特别是从科罗拉多州到阿斯彭的"珍珠通道"（Pearl Pass Road）。几年后，五位来自马林郡的车手骑着改进后的自行车参加"珍珠通道"的比赛，他们的成绩让当地的车手望尘莫及，更重要的是，他们带来了新创意。

20世纪70年代后期，一些喜欢机械的车手开始做组装定制山地车的生意，并且因为口碑不错，生意兴隆。1979年，加里·费希尔（Gary Fisher）和查理·凯利（Charlie Kelly）开设了第一家山地车公司，他们手工制作的自行车卖到了1 400美元。尽管价格昂贵，购买者却蜂拥而至。仅仅几年间，大型自行车公司就竞相加入这项业务。

到 1986 年，山地车的销售量已经超过了公路自行车。1986 年，只有区区几百人听说过山地车；10 年后，也就是 1996 年，山地车已经成为奥运会的比赛项目。

加利福尼亚州和科罗拉多州的早期自行车手们并没有对自行车进行不断改进的计划，更别说组建一个新产业了，他们的活动仅仅是为了兴趣。但是，初始创新之后发生了一系列意外的事情。"翌日污垢俱乐部"的车手们设计了变速器和新式车把，马林郡的车手发明了耐高温的车闸，还有一些车手独立设计了抵抗巨大撞击的结构。这之后，另外一些人开发了大规模的生产制造技术和市场策略，并不断改进山地车以吸引美国的主流消费者群体。很快，包括普通顾客、自行车手在内的人都竞相购买山地车，至此，许多人共同完成了山地车从设计到销售的整个过程。山地车起源于马林郡，在科罗拉多州得以发展，它是众多无形的长期合作所促成的产物。

莱特兄弟的贡献有目共睹，今天的航空业依然是通过无形合作才得以蓬勃发展。莱特兄弟最重要的创意是机翼弯曲装置和用可移动的垂直机尾控制飞机，很快其他飞行家又有了新的创新，也就是副翼（副翼是位于机翼后缘上具有回转上升和下降功能的分离翼面）。等到第一次世界大战之初，莱特兄弟的大部分创意已经被更好的技术创新取代了。

我们痴迷于凭借个人聪明才智改造世界的传奇故事，但是依靠个人天赋只是一种神话，事实上，是天才团队带来了突破性的创新。当大家联合起来时，创造力才会散发蓬勃生机，迸发出智慧的火花。总之，集体力量比个体力量之和更强大。

合作推动创新，因为创新常常源自一系列的智慧火花，而不是一时的突发奇想。莱特兄弟提出了许多小创意，每一个创意对于第一架动力飞机的成功都至关重要；只有当众多独特的创意被整合到一起时，山地车在商业上才是可行的。这两个故事显示了团队合作是如何打磨和完善原始创意的。

如今创新的每一个故事都遵循着同样的不可预测的崎岖路径。在这本书中，你将看到科学背后隐藏的合作，比如达尔文的进化论、爱因斯坦的相对论、托尔金的《魔戒》三部曲和艾略特的《荒原》。今天的创新，比如个人电脑、电子邮件，以及 Twitter 和 Facebook 这样的社交网络，改变了人们的生活。在这本书中，你将了解到以上这些和其他创新背后隐藏的故事——不为人知的合作故事。

爵士弗雷迪：团队创造力的组织形式

20 世纪 50 年代，当科学家首次关注创造力时，焦点是那些孤独的创造性人才。尽管这些研究给了我们些重要的启示——具有较高创造力的人才的智商要略高于一般人，但他们未必都是天才，也未必更善于提出创意。但 20 世纪 90 年代早期，继续采用这种方法研究创造力不可能再有任何突破。我们逐渐认识到，即使最出色的创造力测试，也无法预测哪个孩子长大后能成为最有创造力的人，甚至最为丰富的小学课程似乎也不能对一个孩子若干年后的创造能力产生深刻的影响。我和同事们意识到，需要新的研究方法来解释如何产生创造力，如何开发个人的创新潜能。

心理学家在接受专业教育时，被要求关注个体创造力，因为我们的文化认为个体是创造力的源泉。然而令人吃惊的是，20 世纪 90 年代早期的研究结论恰恰相反。我们逐渐发现，曾经认为源于个体天才的创造力，事实上产生于无形的合作，历史上许多著名的创新都来自这种合作。

弗洛伊德因创立精神分析学派而享有盛誉，事实上，这一理论是众多同事共同努力的结果。莫奈和雷诺阿的法国印象派油画，产生于一个紧密联系的巴黎油画家群体。爱因斯坦对现代物理学的贡献离不开世界范围内许多实验室和团队的合作。事实上，著名的方程式 $E=mc^2$ 是已知的，并不是爱因斯坦发现的，爱因斯坦只是试图证明这个公式在数学上是有缺陷的，后来另一位物理学家给出了正确的证明（爱因斯坦因为另一个项目获得了诺贝尔奖）。乔布斯也没有发明个人电脑或智能手机，林纳斯·托瓦兹（Linus Torvalds）也没有发明 Linux 操作系统。就像今天的软件和商业创新一样，精神分析法、印象派油画和量子理论都是多年相互配合、反复实验和不断改进的结果，并不是一蹴而就的。

对历史的回顾以及对当今实验室和日常生活的观察，都预示着一门新的创造力科学的形成。我的贡献就是对两种独一无二的创造性团队的合作架构进行分析：即兴创作的爵士乐队和剧场演出团队。他们是最纯粹的团队创造力的组织形式，创造力的产生依靠团队每个人的平等参与。

1992 年，我在研究的初期听说了一个名为"爵士弗雷迪"（Jazz Freddy）的即兴演出团队，他们在瑞格利维尔市的"活饵剧场"（Live Bait Theater）演出。该市位于芝加哥北部，因芝加哥小熊队颇具特色的瑞格利球场而闻名。"爵士弗雷迪"有 10 名成员，选择这个名字是为了强调与爵士乐的联系。他们即兴创作的情节自由流畅，充满悬念。我听说"爵士弗雷迪"在"活饵剧场"的每场演出都座无虚席，对于一家地理位置偏僻的剧场而言，这样的成绩是相当不错的。

是什么使得"爵士弗雷迪"表现得如此出色呢？请别忘了，芝加哥是现代即兴演出的发源地，20 世纪 50 年代，"圆周表演团"（Compass Players）和"第二城市剧场"（Second City Theater）在这里开创了即兴演出。到 20 世纪 60 年代早期，芝加哥的即兴演出已经众所周知了，塑造了麦克·尼科尔斯（Mike Nichols）、伊莲·梅（Elaine May）这样的大牌明星，还开始播出了引发电视喜剧革命的传奇节目《周六夜现场》（Saturday Night Live）。

20 世纪 80 年代，《周六夜现场》仍然很受欢迎。虽然现在看来，这个即兴节目已经变得庸俗老套。著名的"第二城市剧场"也决定停止上演即兴节目，取而代之的是剧本概要喜剧。可见，即兴表演已陷入困境，有剧本的节目在吸引大规模付费观众上更胜一筹，前来观看的观众的心愿仅仅是到现场瞧瞧《周六夜现场》。为了改善下一季的节目剧本，演员们在两季演出之间非常努力地工作，欣然接纳观众的建议，这已经成了演员们心知肚明的成功诀窍。不可否认，"第二城市剧场"的表演是有趣而成功的，但它已经不能像早期即兴节目那样令人兴奋了。

"爵士弗雷迪"努力尝试比"第二城市剧场"的喜剧更富激情、更不拘一格的演出，以期重新激起观众的兴奋感。为实现这个目标，

"爵士弗雷迪"冒着前所未有的风险：每个晚上，他们都即兴表演一个小时。演出分两场举行，中间没有休息时间。

1993年4月的一个周六的晚上，我从芝加哥大学的家中驱车40分钟抵达瑞格利维尔市。果不其然，活饵剧场里人山人海。我坐在一个距舞台0.6米远的折叠椅上，舞台只有0.3米高，除了10把木质的椅子外别无他物。演出准时开始，舞台的灯光顿时亮了起来，当演员走上舞台时，观众报以热烈的掌声。演员面朝观众随意地站成一排，其中两位演员走向前台，征求观众想观看的事件和事件的发生地点。一位观众说"奥运会"，另一位喊到"女修道院"。

舞台的灯光黯淡下来。借着走廊里安全灯微弱的光芒，我们看到10名剧组成员走到舞台一侧，坐到木质椅子上。两位演员几乎同时走向舞台中央，其中一位意识到另一位先走了　步，就退回到舞台左边的椅子上。随着灯光亮起，第一位演员约翰把椅子拉到舞台中央，面向观众坐下。他演的是工作状况，只见他拧下笔帽，打开一本书，边读边画。一会儿他停下来揉揉眼睛，然后翻过一页继续。舞台一侧的演员们仔细观察着他的一举一动，台下鸦雀无声。大约20秒后，玛丽径直向约翰走去，做出双手拿着东西的动作：

玛丽：给你这些文件。
　　（模仿放下"文件"的动作，仍然站着。停顿2秒钟。）
约翰：谢谢。
　　（向上看着玛丽的脸。停顿2秒钟。）
　　我非常感谢你能帮我复印这些资料。
　　（比尔从舞台左侧走过来，也拿着一些"文件"，站在玛
　　丽旁边。）

比尔：给你这些文件。

（放下那些纸。）

约翰：谢谢。

（仍然面朝他俩。）

你们两个实在是太好了。

（停顿 2 秒钟。）

我正准备休息，不想看书了。

（合上书放在桌子上。）

玛丽：好的。

比尔：好的。

（停顿 1 秒钟。）

我再去多拿一些资料。

约翰：好的。

（他站起来。停顿 1 秒钟。）

谢谢，我非常感激。

比尔：不用谢。

（停顿 1 秒钟。）

真的。

（当他说这些的时候，比尔抓着玛丽的胳膊，玛丽的另

一只手紧拉着他的手，他们手拉手站着。）

约翰：谢谢你们在困难的时候帮助我。

比尔：我们永远都会这样的。

这场持续一个小时的表演，即使前 30 秒也体现着即兴表演的特征。情节充满悬念，演员们甚至不知道接下来谁会说话，更不用说自己要说什么了。比如，当比尔拿着更多文件走上台时，后台的演员完全有可能走上舞台参与下一轮的表演。每轮对话之间都预留较

长的停顿，因为演员们进入角色需要时间。而且，他们都选择模棱两可的台词，以方便别人随机应变。

大约 10 分钟后，基本情节清晰起来，表演节奏随之加快。中间休息时，"爵士弗雷迪"已创作了两条独立的情节主线。围绕奥运会的情节主线讲述了一支棒球队为迎接奥运会所做的训练。约翰表演一位技术不精的裁判员，可能需要戴眼镜评判比赛。在围绕女修道院的情节主线中，修女们有的在玩扑克，有的在涂鸦宗教壁画，甚至一个修女深深迷恋上了看门人。演出的最后一幕发生在天堂：上帝、耶稣和圣伯多禄聚在一起商讨，试图想办法挽救女修道院。

在第二场演出中，演员们成功地把两条情节主线联系起来。棒球比赛变得乏味无聊，因为双方队员都彼此怨恨。为了能使修女们改邪归正，上帝派圣伯多禄伪装成一个年轻女孩来到修道院，该剧以一些女棒球队员离开运动场加入修道院结束。

当完全不知道剧情如何发展时，10 个人何以成功上演如此复杂和有趣的节目？我决心找到问题的答案。我带着摄像机走访了芝加哥所有的即兴演出剧场。走访结束时，我收集了一大堆录像带，其中一些是像"爵士弗雷迪"一样表演长剧目的剧团，还有一些是表演短剧和游戏的传统剧团。然后，我回到实验室里，花了多年的时间逐句分析那些台词与对白，逐渐领悟到了合作所带来的创新力量是如何造就这些表演的。

打开成功合作的"黑盒子"

合作的威力对商界的任何人来说都不是什么新鲜事。普华永道管理咨询公司对 1 100 名高管进行的研究发现，拥有最具协作性领导团队的公司在收入和创新方面名列前茅。世界各地的企业都在转向团队组织、分布式领导与合作，使用像 Slack 这样的工具或者全息管理这样的组织系统。办公家具公司已经抛弃了格子间办公桌，赫曼米勒公司（Herman Miller）和斯蒂尔凯斯公司（Steelcase）现在专注于合作型家具、创客空间和黑客共同办公空间。宝洁在创建合作文化 10 年后，创新的成功率增加了两倍多。全食超市将成功归功于被称为"全民"哲学的自我管理团队。威瑞森公司（Verizon）的消费者业务总裁鲍勃·马奇（Bob Mudge）提倡"合作竞争"。礼来（Lily）、葛兰素史克（GlaxoSmithKline）和辉瑞（Pfizer）等制药公司为了更迅速地开发拯救生命的药物，正与高校甚至是竞争对手合作。

但是那些愿意挖掘合作性力量的管理者大都采用的是"黑盒子"方法，即观察团队的外在特征（例如成员的个性），而不是研究黑盒子的内部到底发生了什么。谷歌在亚里士多德项目（Project Aristotle）上就尝试了这种方法。在 2015 年的夏天，谷歌收集了 180 个团队的数据，包括人格类型、社会模式等，但最终未能找出与成功合作有关的变量。

读懂成功合作的秘诀就在盒子里，是每时每刻都在相互作用的动力学。2010 年，安妮塔·伍利（Anita Wolley）与麻省理工学院、卡内基梅隆大学和联合学院的一组同事对来自不同团队的 699 人进行了研究。他们发现，只有一件事能预测出哪个团队会做得更好——团队交流的互动模式。在谷歌的亚里士多德项目于 2015 年完成后，谷歌人力运营部门负责人拉斯洛·博克（Laszlo Bock）对数千名员工说："从这项工作中得到的最大收获是团队的工作方式比团队成员的身份更重要。"哪怕你带领的团队成员水平很普通，只要你教他们以正确的方式互动，他们将会做出一些连超级巨星也无法做到的事情。但是怎样才能发现那些成功的模式呢?

自 20 世纪 90 年代早期，我和同事们就开始尝试用各种方法揭开合作的内部机理，弄清楚合作如何将个人创造变成群体创造力。我比较喜欢交互分析法，这是一种分析合作过程中的口头语言、肢体语言以及对话的时耗性方法。它非常耗费时间，往往需要一个小时的分析才能完全理解一分钟的视频录像。棘手的问题在于你不能用数字进行研究，这就是为什么谷歌使用著名的数据分析方法也找不到合作的关键。20 世纪 90 年代初，我与许多爵士乐手和剧场演出群体一起表演节目，由于我是其中的一名演员，所以在安装录像机和三脚架的时候，表演者们并不介意。我花了两年的时间表演和收集视频，又用了 10 年时间逐字逐句地分析，研究结果让我大吃一惊，最终的结论改变了我对创新思维方式的原有理解。

无论是即兴创作团队还是成功的工作团队，团队成员的贡献难分上下，每个人都可能激发了下一个灵感。正是基于这些思想火花，即兴团队才能创造出极其新颖的优秀作品，这些作品在演出时能对周围环境的变化做出迅速反应，是个人的独自创作无法比拟的。即兴团队是构建创新型组织的基石，成功建立即兴团队的组织能够更高效地进行创新。当今最成功的企业领导者都十分注重培养团队的即兴创作。Twitter 前首席执行官迪克·科斯特罗（Dick Costolo）曾在芝加哥做过即兴表演，他把商业团队比作即兴团体。Slack 的联合创始人兼首席执行官斯图尔特·巴特菲尔德（Stewart Butterfield）过去常参加即兴音乐团体，并将工作团队与即兴团体进行比较。

基于我的研究，我发现了高效的创新型团队有 7 个关键特征。

1. 创新的出现需要时间

没有一位演员能独立完成整个剧情，演出是一点点向前推进的。一段对话包含着每一位演员贡献出的小创意。我在剧院的演出中体会到了这一点，然而，局外人并不知情。事实上，在创新团队内部，正是一连串细小而具有推动性的创意导致了创新的出现。没有科学的分析，这些合作往往难以发现。成功的创新不仅需要极好的创意，而且需要恰当的组织结构。

2. 成功的合作型团队对深入聆听身体力行

受过训练的即兴演员一方面要聆听其他演员在表演中的新创意，与此同时，还要形成自己的创意。要实现团队创造力，就要平衡好两者的关系，这虽有一定难度，却至关重要。大部分人把过多的精力放在筹划自己的表演上，而没有足够的时间去聆听和观察他人。

3. 在合作者创意的基础上进行创造

深入聆听有助于团队成员在前一个创意的基础上提出新的创意。如果没有发现"逆偏航"，莱特兄弟不会想到可控制的垂直尾部设计，而这一发现又源自他们对机翼扭曲装置的实验。

尽管某个人可能因一个成功的创意而一举成名，但是可别忘了，这个人的成功与一群富有献身精神、兴趣相同的人组成的非正式团队的努力有着千丝万缕的联系。来自库帕提诺"翌日污垢俱乐部"

的自行车手拉斯·马洪（Russ Mahon）虽然凭借创造性地在厚轮胎自行车上安装变速器而名声远扬，但实际上俱乐部的 10 名成员都对这一创新做出了贡献。

4. 创意的含义是事后赋予的，存在滞后效应

即便创意是某一成员的原创，它也不能完全归功于个体。因为只有创意被接受，得到重新解释并被应用后，才能完全体现出它的意义。在"爵士弗雷迪"一开始表演的时候，我们不知道约翰在做什么，是在准备考试？还是在为违法组织做假账？尽管他是第一个想到扮演"学习者"的演员，但是他被塑造成一个顽固的不认为自己需要戴眼镜的倔强裁判员，却是由其他成员共同决定的。个体的原始创意只有与他人的创意合为一体时，才是有意义的。在创造性合作过程中，每个人并不知道自己行为的具体含义，但他们愿意接受其他成员对自己的行为所赋予的含义。

5. 提出新奇的问题

当团队试图找到解决问题的新方法或者提出前所未有的新问题时，就有可能出现革新的创造性成果。当一个公司在第一次尝试失败时，失败的尝试被称为"支点"，也就是说当他们失败时，他们发现了应该努力解决的真正问题。一个成功的支点是从灰烬中得到升华，而不是在火焰中坠落。如果团队本着这样的态度工作，创意往往会转化成问题和难题。所以，至关重要的是，有关创造力的研究发现：最有创造力的团队善于发现新问题，而非仅仅解决已有的问题。

6. 创新是低效率的

在即兴创作中，演员们只管说出自己的新想法，没有时间仔细斟酌。没有时间进行深思熟虑，他们如何确定自己的创意是否可行？因此即兴创新时犯错误很正常，成功的次数与失败的次数几乎不相上下。不过，成功一旦出现，就是杰出非凡的，它能弥补低效率和失败。

当"爵士弗雷迪"长达一个小时的表演结束时，我们始终没有领悟到剧中比尔和玛丽为约翰复印文件的用意，也就是说那个创意没有成功。第二幕中，两位演员参与证人保护计划的小情节，后来也没有继续拓展。有的想法本身就不是好点子，还有一些单独拿出来看是个好想法，但未能出现与之结合的新点子。在一场 60 分钟的即兴创作中，提出了许多从未被使用过的想法。就像即兴创作的故事一样，成功的创新之前往往都是死胡同。成功的关键在于你有能力即兴设计一条新的道路，一条不在计划之内的道路，一条你一开始不可能知道的道路。当我们看到一个创新的事实之后，我们所记得的是将它变成创新的那条路，而没有注意到之前有许多死胡同。

7. 创新自下而上出现

即兴表演是自我管理型组织。没有导演，没有剧本，演出全凭演员们的相互配合。因此，最具创新的团队是能够适应变化莫测的环境，并且能不断进行自我调节的团队，而不需要一个强有力的领导者告诉他们应该怎么去做。而且，创新团队往往是自发形成的。当志趣相投的人凑到一起时，一个创新团队就自然形成了。

整个团队通过即兴合作，将个人的即时创造力转换为团队创造力。然而，许多领导者难以接受这种自我管理型团队，因为这种模式的创新不受计划的控制，它的进展是难以预测的。许多企业的领导者总是喜欢先勾勒一个宏伟蓝图，并且还要拓展具体细节。这就是为什么有那么多即兴创作的例子是发生在像负责山地自行车的地理分布团队一样的非正式组织中。相比之下，在即兴创作中，团队总是先从细节做起，然后再拓展大局。这种模式更具冒险性而且缺乏效率，但是一旦创新成功，成果将令人难以置信且充满想象力，绝非个体力量所能实现。

戈尔公司：10% 带来的即兴创新

今天最具创造力的公司都成功地应用了即兴创作方法，例如屡获殊荣的硅谷设计公司 IDEO 和制造商戈尔公司。

IDEO 的经营范围至少涉及 40 个行业的 3 000 多种产品，包括佳洁士牙膏管、牙刷、原装苹果电脑鼠标、电吉他、自行车头盔、电话、家具、渔具和耐克太阳镜，等等。IDEO 的成功之处在于掌握了即兴创作技术，它从经典的合作方法头脑风暴开始，使得每个人的思想火花能及时被他人采用。此外，IDEO 使用快速原型化方法，使得那些共享的理念能够不断推动后续创新。公司同时让多个团队独立完成同一个项目，因此能够对不同的观点取长补短，达到融会贯通，但这一策略也会导致效率低下，导致团队频繁地遭遇失败。另外，员工不是被分配到团队中的，团队是自发形成的。任务一旦结束，团队也随之解散。

　　并不是只有新潮的设计公司才能从即兴合作中受益。戈尔公司因生产 Gore-Tex 防水材料而闻名。但大多数人都不知道，戈尔已经创造了 1 000 多种产品——从最畅销的吉他琴弦 Elixir，到 Glide 牙线、心脏贴片等医疗产品，再到人造血管。《快公司》（Fast Company）杂志称其为美国最具创新精神的公司。

　　戈尔公司利用合作的力量取得了成功。创始人比尔·戈尔（Bill Gore）建立的公司几乎没有层级之分，职位和头衔设置得很少，组织结构力求简单，仅仅设置了人力资源和信息技术这样必需的支柱部门。戈尔将公司分成小任务团队，团队永久实行自我管理，并可以根据需求变化进行快速重组。这些自我管理团队没有明确的角色和责任分配。"你的团队，你是老板，因为你不希望它落后！"一个员工说道，"每个人都是自己的老板，没有人做你的老板。"团队自发形成并自我管理，员工即兴地定位自己在公司中的角色。

　　所有的员工都会预留 10% 的工作时间用于思考新创意（3M 和谷歌等创新先锋都效仿此法），以这些未被记录在册的新创意为中心，自发形成一些临时团队，这些临时团队直至把创意开发成新产品报告，递交给管理层后才解散。Elixir 琴弦就是由一个三人团队发明的，最初他们意识到戈尔牌的自行车车轴能够被改造成吉他琴弦。这种自行车的车轴上涂了一层塑料薄膜，使得车轴在护套内转动时遇到的摩擦力较小。弹琴时，手指上自然分泌的油脂一旦侵蚀琴弦，琴声就会发浊。工程师们意识到可以在琴弦上抹上相似的涂层加以保护。这三位工程师每周花 10% 的工作时间验证这个想法。当形成了合作创意的雏形时，他们又陆续劝说其他 6 位同事参与到他们的技术研究中。在无须管理层许可和监督的状况下，经过三年悉心研究，团队认为全面启动这个项目的时机已经成熟，经申请取得了公司的支持。1997 年产品投放市场后，Elixir 很快成为最畅销的声学吉他琴弦，这是一个即兴创新的成功产品。

成功的合作应该是什么形式的呢？最具创造力的想法源于何处？戈尔公司并不是独一无二的，事实上，最具创造力的想法通常是自下向上，自发形成的。如果你要探个究竟？请翻到下一章，我们将在第 2 章全方位研究即兴创新。

GROUP GENIUS
成为创意组织 ————————————————————

高效创新型团队的七大特征

1. 创新的出现需要时间

在创新团队内部，一连串细小而具有推动型的创意导致了创新的出现。

2. 成功的合作型团队对深入聆听身体力行

要实现团队创造力，需要平衡好聆听和表达之间的关系。

3. 在合作者创意的基础上进行创造

创新者的成功往往与一群富有献身精神、兴趣相同的人组成的非正式团队的努力分不开。

4. 创意的含义是事后赋予的，存在滞后效应

即便创意是某一个人的原创，它也不能完全归功于个体。只有创意被接受，得到重新解释并被应用后，才能完全体现出意义。

5. 提出新奇的问题

最有创造力的团队善于发现新问题，而非仅仅解决已有的问题。

6. 创新是低效率的

即兴创新时犯错很正常，成功与失败的次数几乎不相上下。

7. 创新自下而上出现

最具创新的团队是能够适应变化莫测的环境，并且能不断进行自我调节的团队，而不需要一个强有力的领导者告诉他们应该怎么去做。

02

即兴创新，
成功合作的形式

成功的合作应该是什么形式的？
最具创造力的想法源于何处？

1980 年 11 月，一场剧烈的地震袭击了意大利南部的那不勒斯地区，造成 4 000 人死亡，25 万人流离失所。暴雨引发了泥石流和山洪，那不勒斯周围山区的受灾群众似乎经历了一场噩梦。崎岖不平的亚平宁山脉在海岸处陡然升起，羊肠小道蜿蜒穿过山谷延伸至数百个小镇。泥石流堵塞了公路，造成桥梁坍塌，电话和公用路线服务中断。官方反应迟缓，实施救援的军队三天后才到达山区的一些受灾村庄。

短短几小时，电视台记者就赶到了灾区，对可怕的现场进行了报道，并告知灾区群众，目前可能不会有任何正式的救援措施。很多人陷入悲伤之中，对政府的迟钝反应愤懑不已，非正式的救援活动成了该地区唯一的希望。大约 6 000 名志愿者涌入灾区，主动提供援助。但是，这也带来很多问题：救援群众造成交通堵塞，一些志愿者没携带救助设备，甚至还有些志愿者没有携带食物。然而惊喜很快发生了：在没有任何领导和管理者的情况下，志愿者自发形成了非官方组织，这个临时性团队挽救了数以百计的生命。

附近的大学生们捐出自己的食物和毛毯，把这些救援物资装上一辆卡车和几辆轿车，送到被地震完全摧毁的村庄里。他们分发食物和毛毯后，及时展开了搜索和救援活动。而官方的救援行动两天后才开始，那时恐怕被困的幸存者早已死亡了。

第二天，那些仍在学校里的学生建立了接受捐赠救灾物资和志愿者报名的服务点。很快，一个复杂而完善的救助系统形成了，包括校园募集站、物资运输车队，以及一个在灾区负责分发救灾物资并协助搜寻伤员和救援行动的团队。

在军队介入并封锁灾区之前，这个救助系统已运作得非常成功。然而，学生们的努力遭到阻挠，因为官方坚持救灾行动必须服从官方程序。然而令人不可思议的是，尽管士兵接受过规范的培训，刚开始救援时，他们的效率还没有学生组织的临时性团队高，因为他们需要时间根据灾区的实际情况调整原计划。1980年在意大利发生的这次地震给我们留下了刻骨铭心的记忆，那就是：与有计划、有组织的应急组织相比，即兴的临时组织更有效。

从自发的即兴智慧中获益，意大利地震并非特例。2005年发生的"卡特里娜"飓风灾难中，最成功的故事莫过于海岸警卫队的搜寻和救援活动，它的成功也缘于即兴合作。海岸警卫队在"卡特里娜"飓风事件中挽救的群众数量是50年前的两倍，当时有22 000人被困在阁楼和屋顶上，束手无策。海岸警卫队在加尔夫波特和密西西比的主要活动区都被破坏了，此时，只有靠即兴合作了。不过，他们并非孤立无援，渔民自发组建了一个小舰队给他们提供帮助。海岸警卫队的指挥官在区域自主行动，与自发组建的舰队并肩工作，提高了整体的工作效率。

大多数人认为，只有提前计划才能提高团队的效率，坚信面对灾难时加强控制极为重要。然而，多次研究证明了紧急团队的重要性。陌生人自发地聚到一起，处理突发事件，危机一旦解决，团队便自行解散。在研究灾难性事件的几十年里，我们发现：在应对自然灾难导致的不确定环境和变化莫测的情况时，即兴团队的表现通常是最迅速和最有效的。

打破"剧本思维"的束缚

我们通常忽视即兴创作对合作的重要性，即使 IDEO 和戈尔这样的公司也经常遭遇业务压力。很多人并不相信即兴创作真的会发生，我曾经邀请一位朋友去看"爵士弗雷迪"一个小时的表演，他问了这样一个问题："哪一部分是即兴创作的？"他坚信演员们提前设计了演出的大部分情节。接下来的几个月里，我带着其他人去观看即兴演出，结果我发现那位朋友的反应非常具有代表性，其他朋友也认为演出背后有什么"伎俩"。我把这种常见的反应叫作"剧本思维"（Script-think），这种思维方式把事情想象得比真实情况更容易预测，用早已提前安排好的思维方式解释复杂和意外情况。

剧本思维
Script-think

剧本思维是指把事情想象得比真实情况更容易预测，用早已提前安排好的思维方式解释复杂和意外情况。例如，人们时常忽视问题发现型创新，因为当发明创造结束时，创新看上去似乎比实际上更容易预测。

不仅对于剧场表演存在"剧本思维"，甚至顶级的商业分析师也会被它愚弄。例如，本田公司打入美国摩托车市场的过程，就是成功即兴创新的实例，但几十年来管理专家大都误解了故事的真相，这要归咎于"剧本思维"。20 世纪 50 年代，英国公司几乎占据了美国摩托车市场的一半，仅次于市场领先者哈雷戴维森公司。然而到 1973 年，英国公司的市场占有率降到不足 10%，因为日本制造商在美国的市场占有率迅速提高。第二次世界大战后，日本对低档交通工具的需求加大，推动了小型廉价摩托车行业的繁荣。1959 年，本田成了市场领先者，日本市场上超过 50% 的摩托车都是本田的排量为 50cc 的轻骑摩托车。1960 年，尽管本田在日本非常成功，但摩托车出口量仅占 4%。然而 6 年后，本田在美国摩托车市场的占有率就超过了 60%，这种转变是如何发生的呢？

1975 年，波士顿咨询公司（Boston Consulting Group）的深入调查研究结论是：本田的成功源于宏伟的商业计划。按照波士顿咨询公司的分析，本田公司发现风靡日本的这种小型摩托车在美国没有竞争对手，它们的这款产品正好填补了市场空白。尽管小型摩托车是本田成功的关键，可成功的真实原因并不是那样的：波士顿咨询公司被"剧本思维"误导了，真实的原因是即兴创新。

本田公司的原计划是设计与哈雷戴维森的大型摩托车相竞争的同类产品。创始人本田先生认为，50cc 的轻骑摩托车不适合美国市场，而且如果小型摩托车销量过低的话，会损害公司在大型摩托车购买者心目中的形象。本田公司改变策略转向小型摩托车完全是因为两件意外事情的发生：第一，大型发动机的制造遇到了技术难题——气缸顶部密封垫总是被冲破，离合器启动失败。美国人对车速和行程的要求比日本人高多了，本田的工程师们从没想到发动机将会成为技术瓶颈。本田不得不迅速从市场上召回产品，直到这些问题得以解决。第二，试图销售大型摩托车的日本高管们骑着轻骑摩托车到洛杉矶开会，在停车场不断有陌生人叫住他们，询问在哪里能买到这种车。本田的销售经理们一方面等待重新设计的大型摩托车，另一方面征求日本总部批准他们去销售小型摩托车。本田公司犹豫不决，公司在小型车市场上没有投放任何资金，但试一试也无妨。然而，小型摩托车的销量震惊了本田的每一个人：不出4年，市场上每两辆摩托车中就有一辆是由本田公司生产的。

尽管原计划以失败告终，然而即兴创新使它反败为胜。1963年，本田公司放弃了销售"黑羽"系列摩托车的计划，全面推行小型摩托车，打出了直至现在都非常著名的广告语："在本田摩托车上遇到最优雅的人"。

创新自下而上出现，是不可预测、即兴产生的。通常，创新过后大家才明白究竟是怎么回事。因此，我们得到了有悖于常理的观点：**创新是不能被计划出来的，是不可预测的，我们只能创造条件促使它出现。**

突发事件中的即兴创作

1985年，美国一艘载有海军直升机的军舰"帕劳号"（Palau），正返回位于圣迭戈的船籍港。通往港口的海峡非常狭窄，很难导航，而且由于当地常年天气好，港口停满了驻留的帆船。在几英里的航线中，轮船为了绕过科罗娜岛几乎需要绕道180度才能最终停靠在由海军基地所分配的锚位上，由此可见，回到港口的导航路线是出了名的复杂。船员们需要提前把握方向和速度的变化，并且随时准确定位船只在航海图上的位置。在全球定位系统出现以前，舵手通过在海岸上选取3个陆标的方法来确定轮船的位置。首先，船员们在陆标上"作方向标"，找到从轮船到陆标的基准线，然后用显示正北的电子回旋罗盘确定到达方向标的路线。接下来是简单的几何计算，轮船必须要定位于三条线组成的三角形的某个位置上，两位船员根据航海图计算，确定轮船的准确位置。当船接近海岸时，海军不得不每过几分钟就计算一次船的位置。

为研究团队合作，加州大学圣迭戈分校的人类学教授埃德·哈钦斯（Ed Hutchins）与船员一起进行了为期 3 天的航行。他在操舵室放置了一个录音机，记录 8 名长官和船员的言谈。在船员们准备进港的紧张时刻，可以听到对讲机中工程师的话突然多起来："桥，主控，汽鼓压力不足，原因不明，我正关闭油门。"原来，轮船的动力系统出了故障，他们关闭了驱动螺旋桨的引擎，同时切断了所有电源。

桥上的每个人都知道船靠岸前会沿海岸航行几英里，而圣迭戈商业区的海岸线不超过半英里。没有了电源，领航员不得不在没有电子回旋罗盘的情况下驾驶轮船。考虑到由于轮船的体积太大所造成的方向舵反应迟钝，这个任务几乎无法完成。

领航员目测圣迭戈港口较为熟悉的陆标的位置，并尽最大可能更准确地估计轮船的方向和位置。预测好如何掌舵才能停留在狭窄的航线上，他向舵手下达了第一个指令。然而，令人难以置信的是，事情变得更糟了。舵手发疯地喊道："长官，我没有舵柄，长官！"几秒钟后，舵恢复正常，但这只是暂时的，接下来的几分钟里，舵又反复失控了好几次。

在断电 16 分钟之后，团队即兴想出了一个在船舵失控的情况下，即使没有电源仍能逗留在航线上的方法。但是，那不是长久之计，仍然需要将故障船靠岸。如果他们过早抛锚，巨大的船只会阻塞海峡，如果抛得太晚，船又有搁浅的危险。他们需要知道船的准确位置和几乎分秒不差的靠岸时间。在没有电子设备的情况下，他们如何定位呢？

轮船的操作手册记录着船在定位时人员的详细分工，这个任务是由操纵室里的 6 位船员负责的。没有回旋罗盘，确定船的方位需要 5 步独立的数学计算，包括 6 个方位和数字，将这些数字代入一个非常有名的公式可以计算出轮船的准确位置。但计算非常耗时，领航员的运算速度跟不上频繁变化的方位。唯一的办法是依靠整个团队，但时间不允许重新设计一个人员分工表；他们只有几分钟的时间重组团队去解决例外的任务。团队并没有停下来制订详细计划，而是即兴地处理突发事件，结果转危为安。

哈钦斯分析录音带的时候，发现在合作性的解决方案出现之前，该团队至少尝试过 30 种组织结构，而那时他们已经进行了大约 30 次定位。他们发现两个人分工计算 5 个数学式比先前提到的那个公式更有效（也许，从计算角度讲，它是可能解决问题的最有效的方法）。这个团队给哈钦斯留下了深刻的记忆，他得出了这样的结论："显然，在形成一个方法，确保船员取得成功之前，全体成员需要即兴创造。""帕劳号"转危为安的事实给予我们的重要启发是：**在突发事件中，即使群体中没有人对团队当前的工作状况及其理由深思熟虑，共同的即兴创作还是可以提出创新性的解决方案。**

寻找计划和即兴创作之间的最佳平衡点

像那不勒斯地震和"帕劳号"导航这样危险的情况并不多见，多数情况下，团队的时间没那么紧迫。研究人员发现如果时间充裕，适度的提前规划有时能使合作更加有效。最重要的是：计划和即兴创作之间最佳的平衡点在哪里？

20世纪90年代早期，斯坦福大学商学院的凯瑟琳·艾森哈特（Kathleen M. Eisenhardt）和贝南·塔布里兹（Behnam N. Tabrizi）调查了欧洲、亚洲以及美国的共计36家计算机公司的72个产品开发项目，每个产品的年销售额都超过了5 000万美元。他们发现，最具创新力的团队是那些把大量时间用在执行而非计划阶段的团队，团队采用即兴创新方式而非计划方式。与许多管理者固有的理念相悖，一个团队在提前计划上花费的时间越多，项目进展就越慢。

即兴创作团队也不能彻头彻尾地即兴创作，他们都是把短期计划穿插于即兴创作的过程中。换句话说，他们在执行过程中分配设计任务，这就是即兴创作团队比传统团队取得更大成功的原因。由于频繁地改进设计方案，即只创作团队能更快地响应市场变化和客户的反馈，也更有可能按时完成任务，而按时完成的项目所带来的利润比未按时完成的项目多出一半，可见即兴团队为公司创造了更加赚钱的产品。

创新的关键，是在关系非常微妙的计划、组织和即兴创作之间建立一种平衡关系。我设计了一些演示即兴创作能力的现场活动。在一个活动中，我将参与者分成若干团队，并分给他们一些乐高积木、塑料玩具块、筛子和一沓沓卡片。每个团队有20分钟时间设计一款新游戏，然后用不超过 5 分钟的时间阐述游戏规则，玩游戏的时间也不能超过 10 分钟。接下来，我让每个人把所设计的游戏都玩一遍，并要求他们对游戏的创造性和娱乐性进行评分。最具创造性的游戏（创造性取决于其他团队成员对该游戏的评分）总是来自一种特殊形式的合作，那就是，前 20 分钟团队成员玩游戏，然后在游戏的过程中即兴地修饰和改进游戏。最不具创新性的游戏来自那些整个 20 分钟都在详细计划，却从未真正玩过游戏的团队。游戏参与者由此得到了如下启发：**成功创新的关键是把计划交织在即兴创作中。**

像 IDEO 这样的顶尖设计公司每天都要做的事情，通常被称为设计思维。因为我们知道，儿童是最擅长迭代、即兴设计的群体之一，所以设计思维是人类基本的社会技能。这些做法效仿了纽约大学心理研究中心的教授戴维·贝瑞森（David Bearison）和布鲁斯·多瓦尔（Bruce Dorval），他们以小学生为对象研究合作机制。每对学生有 25 分钟时间，用一些抽象的游戏块和游戏板创作新游戏，这个活动没有任何规则，整个游戏板上也没有任何描述性或者定义性的文字说明。两位教授对 80 对学生的创作过程进行了录像，学生们分别来自一年级、三年级和五年级。他们愉快地即兴创作，交流过程中体现着计划、协商与合作。在确定了基本规则后，他们几乎立刻开始玩这个游戏。大部分游戏的设计协商过程体现在孩子们玩游戏的过程中。平均来说，只有 1/3 游戏的协商过程发生在玩游戏之前。一旦孩子们开始玩游戏，他们不会完全遵守协商好的规则，而是会在游戏过程中调整和修改这些规则。

孩子们似乎能比成年人更自然地即兴创造。盐湖城的 OC 学校是一所采用开放教学模式的创新型公立学校，教师们要求二年级和三年级的学生为家长创作并表演一出木偶戏。然而，老师没有给孩子们任何剧本，留在后台的家长们也不能进行任何指导和排练。教师们并不知道情况会怎样：演出会陷入一片混乱吗？孩子们能应付自如吗？

最有意思的一个表演是由《白雪公主》的故事改编的即兴表演，名叫《蓝色之夜》。这个名字来源于一次即兴讨论，一个女生建议颠倒原故事的所有情节，提出了一个名为《黑色之夜》故事版本。在此基础上，其他孩子提出第二个创意——《蓝色天空》。《蓝色之夜》团队在即兴创作之前，构思出故事的主题和大体情节。在第 7 次排练的时候，他们设计了公主因食用毒香蕉而昏倒，小矮人们将公主放到玻璃棺材中的情节。孩子们即兴创作了下面这段对话：

> 卡罗尔：竟然是香蕉！她停止呼吸了！
> 斯坦科：这看起来有点儿怪异。
> 卡罗尔：她停止呼吸了！快点儿，抬起她来。
> 斯坦科：试一下心脏复苏法！
> 卡罗尔：快带她走！

孩子们在排练木偶剧期间即兴创作了这段对话，跟斯坦福大学研究的产品开发团队一样，这些创新都是即兴的。

平均来说，孩子们是从第 4 次排练开始即兴协商，没有人教他们这么做，这些都是自发出现的。从整体来看，10 次排练过程，他们用在即兴创造上的时间在逐渐增加。当木偶剧的剧情大体形成后，他们之间的关系变得更加融洽，并制定了合作的基本规则。此后，他们花更多的时间在即兴创作上。

成人的世界中，需要谨慎平衡计划和即兴创作的关系，才能取得尽可能多的创新。毕竟，在山地车的创新中，当时并没有谁制订了一个山地车的设计计划，仅仅是一些满怀激情的人为了尝试解决一个问题而自发组成了一个团队。但是，我们常常见到大部分人花太多时间做计划，却从来不进行即兴创作。当 OC 学校的老师要求家长协助参与表演时，家长们很自然地担当起导演的角色，告诉孩子们该如何去做。孩子们就仅仅听从指挥去表演而不会进行即兴创作。但是，如果放手让他们自己做，孩子们就知道如何进行即兴创作。成年人可能需要重新学习即兴创作了，不过这学起来也不难。那么，该如何开发人类的这一本能，令我们在日常活动中更富创造力呢？

在一个具有划时代意义的关于即兴创新的研究中，威斯康星州立大学的安妮·迈纳（Anne S. Miner）和她的同事仔细研究了速成公司（FastTrack），该公司成功开发并向企业客户销售先进的技术产品。20 世纪 90 年代，速成公司是一个组织结构规范、声誉极好的公司，年收入达 24 亿美元。迈纳教授的团队花了 9 个月的时间，录制了该公司至少 25 次有关新产品开发项目的会议，并采访了公司的所有员工，然后花了 4 年时间分析这些数据。

像许多技术公司一样，速成公司高度结构化的产品开发过程意味着需要撰写冗长详细的报告，用来分析市场潜力和技术可行性。报告经高级委员会审核通过后，项目方可开始。然后项目遵循了一种高度结构化的线性路径，即所谓的"阶梯式过程"。但是迈纳的团队发现创新经常发生在非正式场合，发生在高管们的管辖范围之外，通过三种类型的即兴创作过程实现创新。

第一，对商业流程的即兴创作。例如，一个产品开发团队负责设计一个使新产品和公司的王牌产品顺利连接的软件。遇到的困难是王牌软件本身在不断更新，新产品开发团队需要不断改变检测日期以适应王牌产品的更新。这个筋疲力尽的团队决定即兴创新，直到开发王牌软件的团队开始测试以确保产品正常工作，他们才开始工作。在检测开始前，他们暗中加入自己的更新之处，实质上就是让开发王牌软件的团队替他们做测试。

第二，"科学家专用"（Scientist Special），也就是，当特定客户的需求发生变化或者公司的产品对另一个项目造成意外的副作用时，工程师们会因此主动重新设计产品。例如，一个团队了解到客户希望分析一批样本，而速成公司的产品无法完成该任务，团队成员会在工作之余开发新的软件以适应客户的需求。他们充分利用周围的资源，并且不厌其烦地讨论新产品的设计方案。当管理层察觉到他们的工作时，这个新产品已经运作得非常好了，于是直接被列为公司的可售产品。

第三，即兴创新在产品更新换代的时候显得尤其重要，因为它促使公司推出新产品，解决旧产品存在的问题。当今，技术发展日新月异，产品推陈出新的速度相当惊人，这也给设计团队带来了巨大的压力。因为环境瞬息万变，我们没有足够的时间按部就班地设计产品，成功的公司往往即兴适应这种转变。速成公司有一个例子，当一个搜索工具的软件升级后，工具的移动臂摇摆不定，导致无法准确测量。修理这个工具需要花费大量时间，看来唯一的办法就是重新设计新产品，才能保证消除移动臂的摇摆。然而，团队在进行即兴修整时发现，实验室里的小尼龙垫片能阻止移动臂移动，于是团队没有重新设计移动臂或者重编程序。

创意组织的最强大的能力之一是，它们可以为已有的想法即兴发挥出新的用途。就像爵士弗雷迪的即兴剧场表演一样，它的含义只有在演出后才变得清晰。例如，在速成公司中，一名工程师发现当他修复程序中的一个漏洞时，得到了一个意想不到的结果：进行信息搜索所需的时间从 22 秒降到了 2 秒，在合作讨论过程中，团队意识到这出乎意料的快速搜索可以用于产品营销。然而在团队重新定义它的用途之前，它只是一个漏洞。

2013 年，西北大学的一个研究小组研究了发表在 12 000 份期刊上的 1 800 万篇科学论文，发现几乎所有最具创意的论文都有一个共同点：把已经存在的观点放在新的环境中重新诠释。你猜怎么着？由团队撰写的科学论文比独立作者撰写的论文更有创意。

创意组织没有"乐谱"

在本章谈到的即兴创作团队中，我从未提及团队领导，因为最有效的即兴团队是自我管理型的，无须领导就能应对突发事件，进行重建和重组。在快速变化的环境中，自我管理团队非常擅长高效创新。

创新的悖论在于：组织重视秩序和控制，而即兴创作似乎是不受控制的。传统团队的领导者负责分配任务、督促员工按时完成任务、协调团队成员之间的关系。但合作型团队的领导者却大相径庭，他们只需塑造一个适宜创新的环境氛围，促进团队创造。创新型团队是自我管理的，所以领导者的直接管理活动比传统领导少。他们是工作的积极参与者，更像是一位同事而不是老板。

自 1972 年以来，纽约市的俄耳甫斯室内管弦乐团（Orpheus Chamber Orchestra）就一直致力于一件大部分人认为不可能的事情：在没有乐团指挥的情况下进行彩排和表演。有乐团指挥在场的管弦乐团是典型的计划创新，乐团指挥首先研究作曲家的乐谱，提炼出自己对演奏的设想，然后再通过彩排与演奏人员一起去实现该设想。如果不对乐谱演奏进行事先的设计，团队怎能演奏乐曲呢？演奏家们如何能达成共鸣呢？俄耳甫斯乐团的 27 名成员用团队创造力取代了指挥的作用。

在一次彩排中，整个团队正在进行表演，一位演奏家突然站了起来——这种现象在大多数乐团中是有失礼节的，然而俄耳甫斯乐团的演奏家们却不受影响地继续演奏。这位演奏家带着乐器走进观众席，倾听了几分钟，在此期间，团队一直在表演。当她重新回到舞台时，整个乐团才停止演奏，等着听她说话。她说出了观众们可能的感受：中提琴的声音不够大。"有人反对吗？"她问道，没有人反对。然后她回到座位，中提琴手提示大家重新演练一下刚才的那段乐曲。

在 20 世纪 60 年代，为了表达对权威人物和等级制度的不满，哥伦比亚大学的学生建立了俄耳甫斯乐团。所有的决定，包括演奏哪些乐曲片段，邀请哪些演奏家，都通过集体表决。没有人能控制整个演出，任何时候所有演奏家都可以畅所欲言。"尽管我们经常争论不休，但这种方式能令我们有效地解决问题，"演奏家埃里克·巴特利特（Eric Bartlett）说，"这种新形式吸引了纽约最优秀的年轻演奏家。"1978 年，乐团在成立的第 6 年，在卡内基礼堂举行了表演。今天，俄耳甫斯乐团已经正式入驻卡内基礼堂，它的成员大多是经验丰富的专家，这些专家为电视和电影节目录制曲目并在顶级院校，诸如朱利亚学院（Juilliard）和新英格兰音乐学院（New England Conservatory）授课。

俄耳甫斯的演奏家们谈到了倾听的重要性，"倾听"可以给人一种特别受到尊重的感觉。爵士演奏家也这样评价。每一位演奏家都要全神贯注地倾听其他人的演奏，在意识上进入佛教徒般的虔诚境界。通过仔细地互相倾听，调整自己的声音，在默契中达到音乐共鸣。当谈到彼此间的信任时，他们认为要相信其他演奏家都在倾听每个人的演奏，在为整个演出负责，而不仅仅关注自己演奏的那部分。与俄耳甫斯乐团配合演出的独奏者们能够听出区别，他们放慢或者加快节奏时，乐团也跟着调整。

商业上的成功促使俄耳甫斯乐团正视即兴创作的一些弱点：没有指挥，演奏家们需要花费数小时讨论乐曲的细节，而一名指挥可能只需要 30 秒。尽管创建乐队的演奏家们一心一意地支持合作，但也无法支付这么长时间的彩排成本，他们最后达成一项折中协议：从成员中选出一个首席演奏家指挥演出。但是，这个首席演奏家并不会站在舞台前挥舞指挥棒，不论在彩排还是演出过程中，都仍然坐在演奏席中。尽管如此，要准备一场音乐演出，俄耳甫斯乐团仍然比传统管弦乐团多花 3 倍的时间。

难于协调是即兴创作的一个特点。参加意大利南部地震志愿救援活动的志愿者的人数远远超出正式救援的军人，即使在 IDEO 和戈尔公司这样的组织中，很多项目也以失败而告终，但这种弱点恰恰导致了意外的创新。对俄耳甫斯来说，他们达到了任何指挥家都无法复制的音乐共鸣。评论家詹姆斯·特劳布（James Traub）说到，俄耳甫斯的演出会使人产生"演奏家们为观众表演的同时，也在为互相表演"的感觉。观众们在俄耳甫斯的音乐会上听到的音乐是乐团长时间合作创新和协商的成果。由于他们在表演过程中互相倾听并沟通，所以每场演出都不雷同，这样的演奏与有指挥家的演奏也大不一样。

管理学界的泰斗、传奇人物彼得·德鲁克 1988 年发表了一篇非常有影响力的文章，主张未来的公司要像一支交响乐队。然而，德鲁克认为用"有乐谱的交响乐演奏"做比并不完全正确，公司需要即兴创作，"商业活动并没有一个可遵循的乐谱，不能根据现成的乐谱去演奏"。数年后，哈佛商学院的约翰·考（John Kao）教授把商业创新与爵士乐表演加以比较，把合作性创新称为"即兴创意"（Jamming），这个提法非常有名。与交响乐比起来，爵士乐是更恰当的比喻，因为在组织中创新是没有"乐谱"可循的。合作者的表现常常让我们吃惊，他们往往能得到新颖与奇特的解决方案。

由于社会变革步伐加快，商业竞争愈加激烈，公司不得不更加依赖即兴创新。在当今的创新经济中，尤其是在风险重重、形势多变、技术日新月异的情况下，工作通常需要委托给小规模的临时团队完成。未来组织的命运将取决于团队创造力。

每一个团队都有各自的创新能力，与之相应地，它所具有的即兴创作能力是千差万别的。尽管俄耳甫斯乐团开发出了团队创造力，但也仍然要按乐谱演出。戈尔和谷歌这样的公司允许员工把 10% 到 20% 的工作时间用于计划外的新项目，把 80% 的时间用于完成正式的计划内项目。爵士乐和即兴喜剧表演则做得很极端，没有任何的提前计划。这种区别类似于组织的渐进式变革和飞跃式变革，要取得飞跃式的创新，组织就必须进行极端的即兴创作。

在意大利南部的地震以及圣迭戈"帕劳号"军舰的航海事件中，周围的人都自然地聚集形成即兴群体，即使是小学生也不例外。为什么人们能够迅速地自发聚集起来？我们如何才能创造条件推进团队创造力呢？第 3 章将回答这些问题，我将借用心理学中非常著名的概念"心流"，来揭示什么样的环境有利于团队创造力。

GROUP GENIUS
成为创意组织

1. 最有效的即兴团队

最有效的即兴团队是自我管理型的，无须领导就能应对突发事件，进行重建和重组。

2. 创新的悖论

组织重视秩序和控制，而即兴创作似乎是不受控制的。传统团队的领导者负责分配任务、督促员工按时完成任务、协调团队成员之间的关系。而合作型团队的领导者，只需塑造一个适宜创新的环境氛围，促进团队创造。

03

团队心流，
即兴创新的产生

如何创造条件以推动团队创造力？
什么样的环境有利于团队创造力？

　　在印第安纳州，篮球可以说是一种信仰。布卢明顿是该州最大的一个城市，也是美国十大联盟印第安纳大学印第安人队的所在地。传奇教练博比·奈特（Bobby Knight）在 1971 年到 2001 年期间为学校赢得过三届全美冠军。但是，球队的声誉不仅仅来自著名的教练和全美冠军的头衔，还来自位于 17 街的传奇训练场里的 16 个室内篮球场。现在，球队已不再使用这些球场，它们成了学生们休闲娱乐与运动健身的中心，也是美国最好的临时性篮球比赛场地之一。

　　没有教练，没有裁判员，没有锦标赛，在这样的情况下，队员们自行组建球队，对行为进行自我约束，自行制定有关参赛选手和比赛时间方面的规则。临时性篮球比赛把一些可能永远不会相遇的人聚在了一起。比如，在威斯康星州的沃基根有一支名叫 YMCA 的球队，球队中队员艾伦是一个刚刚高中毕业的黑人，皮普是个中年白人法官。艾伦实际上是个盗窃团伙的成员，他的同伙在皮普的法庭上接受审判的时候，人们才知道艾伦也是涉案嫌疑人，他和团伙中的其他成员随时可能接受审判。皮普说："真难以想象他出现在法庭的那天，天呐！我太震惊了，因为我跟他是相识很久的朋友，刚刚还在跟他打球。"尽管如此，他们仍在一起打球。还有山姆，一个30岁的黑人，曾是个经常与警察打交道的问题青年。YMCA的比赛把律师、警察、酒店经理、部长、工人、乘务员和有犯罪前科的人员聚集到了一起。

从加利福尼亚州圣莫尼卡的林肯公园，到纽约格林尼治地区传奇的西四街篮球场，类似的事情时有发生。就像布卢明顿和沃基根一样，这些地方的临时比赛把政府官员、教授、工人和游手好闲的青年聚到了一起。

为什么这些业余爱好者愿意投入那么多的时间和精力呢？既没有报酬，也没有"粉丝"。当你赢得一场球赛的时候，你赢得的仅仅是下一次继续上场的权利，除此之外再无其他回报。而且作为参加比赛的一种代价，打篮球时不少中年人都受过膝伤。他们选择打篮球，是因为没有裁判、计时器、规则和教练的比赛，让他们感受到了篮球的本质——运动的纯粹性和即兴发挥。篮球是最需要即兴发挥和团队合作的运动项目之一，它是团队创造力在运动场上的最佳写照。临时比赛摒弃了那些影响比赛节奏的专业规则，比如在街头篮球活动中没有罚球。当团队齐心协力时，队员们深切地感受到了高峰体验。波士顿凯尔特人队的著名中锋比尔·拉塞尔（Bill Russell）常常谈起这种纯粹的精神体验：

> 凯尔特人队的每一场比赛几乎都是那样火爆，以至于比赛不仅是体力上的较量，而且是精神上的较量，简直令人不可思议。那种感觉很难加以准确描述，在我打球的时候，当然不会

谈论这种感受。当它发生的时候，我能感受到我的技术达到了一个新水平……比赛刚刚结束，一种自然的情绪起落会勾起你对比赛的回忆——那是多么富有节奏和乐感的比赛啊……我们仿佛在用慢动作打球。

球队只有适应对手的变化，不断地自我调整，达到即兴发挥与合作状态才能赢得比赛。一名队员讲述了他们即兴发挥的故事：

> 我正在防守保罗，尝试干扰他来协助我的队友防守。当对手们意识到我放弃保罗去夹击他们的持球队员时，他们迅速把球传给了保罗。保罗拿到球，投中了两分。我迅速调整战术，紧紧盯住保罗，保罗的队友意识到他身处危险，于是开始掩护传球。他们挡住我以掩护保罗，然后，再把球传给保罗，他们队就能再次得分了。我的队友也领悟到保罗和他的队友在专门防守我，就开始协助我防守保罗。

正如芝加哥公牛队的传奇教练菲尔·杰克逊（Phil Jackson）所说："篮球是一种即兴的比赛，类似于爵士乐。如果有人落下一个音符，其他人必须进入真空状态驱动节拍。"当一支球队对对手的每一个动作都能不假思索地做出反应并赢得比赛时，会发生什么神奇的化学反应呢？答案不能在任何一名球员的技能或创造力中找到，而是整个团队让它发生的。

获得创造力的高峰体验

在芝加哥大学攻读博士学位时，我领悟到了这种奇妙的默契。当时，我和著名心理学家希斯赞特米哈伊在一起，他创造性地用"心流"（Flow）描述一种特殊的、高涨的意识状态。他发现，经历心流涌动的那一时刻，人的创造性达到最高峰，在那一刻，我们感到对自我行动的控制，感到自己与外界浑然一体：刺激与反应，过去、现在与未来似乎融为一体。基于对登山运动员、俱乐部舞蹈演员、艺术家和科学家的研究，希斯赞特米哈伊发现，当周围环境具备以下四个重要特征时，人们更可能达到心流状态。

◎ 第一，也是最重要的，人们所从事任务的挑战性与自身技能相当。如果任务太难，他们会有挫折感；反过来如果缺乏挑战性，就很容易失去兴趣。

◎ 第二，目标明确。

◎ 第三，能得到持续的、及时的，有关目标完成程度的反馈。

◎ 第四，全神贯注地完成任务。

如果有幸从事具备上述 4 个条件的工作，你会很容易进入心流状态。正如专家们描述的那样：胜任，具有个体控制感，工作的焦虑感消失，完全集中精力工作以至于忘记了时间。

希斯赞特米哈伊多年来搜集了很多资料，并证明了心流是创造力的最重要因素。无论在哪个专业领域以及人生的何种阶段，具备创造力的人经历心流体验时，洞察力最为敏锐。大多数人说他们觉得待在家里比在工作场所更愉快，希斯赞特米哈伊的研究却表明，与在家

心流
Flow

心流的概念由著名心理学家米哈里·希斯赞特米哈伊提出，用来描述一种特殊的、高涨的意识状态。经历心流涌动的那一时刻，人的创造性达到最高峰，在那一刻，我们感到对自我行动的控制，感到自己与外界浑然一体。

的休闲状态相比，人们更可能在工作中获得心流体验。其他心理学家也证实了创造力和心流存在联系，尤其是人们处于工作状态时。例如，哈佛大学的特雷莎·阿玛比尔（Teresa Amabile）研究了7家公司的200多名专家，发现创造性顿悟与心流是密切相关的，而且人们在体验到心流的第二天仍然保持着高创造力。

研究心流的专家花了大量时间研究创造者个体，但是人们不会为了体验心流去球队临时打比赛。因为他们完全可以自己拍拍球，投投篮。他们去球队临时打球是因为他们喜欢团队合作带来的兴奋感。事实上，希斯赞特米哈伊发现当人们与他人合作时，最容易获得心流体验。在工作中，与同事交流就是容易引发心流的活动之一。一起交谈时，管理者最有可能获得心流体验。商业情报公司Geoscape的创始人兼首席执行官塞萨尔·梅尔戈萨（César Melgoza）是这么说的："当你开始与一群人一起思考问题并合作寻找解决方案时，就会产生一种魔力。"

交谈导致心流，心流带来创新。我想知道，当团队创造中出现心流时，究竟发生了什么？团队能自动进入心流状态吗？存不存在团队心流？怎样集合所有的力量促进团队心流的出现？我们能从这些问题的答案中找到激发团队创造力的方法。

培育团队心流的 10 个条件

为了寻找这些问题的答案，我开始着手研究爵士乐队。从高中到大学，我一直是一个爵士乐队的钢琴师，经常加入专业演奏团队。基于希斯赞特米哈伊的独创性工作，我能很肯定地说，即兴团队能够达到我称之为团队心流的集体心智模式。团队心流是一种高峰体验，在此状态下，团队会发挥最大的潜能去完成任务。在一项涉及3家机构的300多名专业人士的研究中，罗布·克罗斯（Rob Cross）和安德鲁·帕克（Andrew Parker）发现，感受到团队心流的员工业绩最高，这3家机构分别是战略咨询企业、政府部门和石油化工企业。在飞速变革的时代，对于团队来说，做到行动和意识步调一致，并即兴地调整状态，比以往任何时代都重要。在团队心流中，行动变得自发，团队不需要经历深入思考就去行动。

为了促进即兴创新，必须创造条件激发团队心流。下面是培育团队心流并以此推动团队创造力的10个条件。

1. 团队目标

爵士乐和即兴表演的结构化相对较低，整体没有明确的目的。但是，我们在日常工作中参与的团队，诸如任务组、项目组和委员会，通常都有特定的目的。如何将这些来自非结构化团队中的经验运用于任务导向型的团队呢？爵士乐队和即兴演出团队是一种极端的团队类型，根本不存在明确的目标。相比之下，一支篮球队的目标是非常明确的：战胜对手。假如，无目标的爵士乐队和有目标的篮球队都能发生团队心流，那么目标和绩效之间究竟有什么联系呢？

商业团队通常需要解决特定的问题。它们必须在会议结束之前为资金短缺问题找到解决方案，或者为程序缺陷找到解决途径，以免威胁加剧导致失控。如果目标清晰，并且表述明确，那么它就是问题解决型的创造性任务。当团队为此类目标工作时，如果团队成员曾经一起工作过，如果他们所贡献的知识和假设大部分是一样的，而且拥有强制性的愿景和共同使命，他们就更可能体验到团队心流。一项分析了 30 家公司的 500 多名专家和管理者的研究发现，目标不明确是团队绩效最大的障碍。

爵士乐和表演团队则是另一种极端，根本没有目标。对于它们而言，唯一的本质目标就是演出本身能更好地娱乐观众。这是问题发现型创新，因为团队成员必须一边"发现"和定义问题，一边解决问题。乍一看，这个似乎与日常商务活动大不相同。但是，许多最具变革性的创新活动，都是在事先对问题与目标无所了解的情况下实现的。

备受欢迎的商业软件 Slack 是全球有目共睹的增长最快的办公软件，用很短的时间就达到了 10 亿美元的估值。2016 年，Slack 的日用户数量已经增长到 200 万，这距发布时间还不到 3 年，开发 Slack 的团队一开始就有一个完全不同的目标。

Slack 起源于一款名为"永不结束"的在线多人游戏。作为一个副业，"永不结束"的团队开发了 Flickr（一个非常成功的照片托管网站），但从未打算将它公布于众。他们只是在开发完全不同的东西时偶然发现了一个照片分享应用。在开发了 Flickr 之后，联合创始人斯图尔特·巴特菲尔德继续致力于游戏"永不结束"，但却未获得巨大成功。2009 年，他创办了一家名为 Tiny Speck 的公司，开发了另一款名为 Glitch 的游戏。在开发 Glitch 时，团队开发了一个协作工具，但也从未打算发布它。到 2012 年，Glitch 团队意识到这款游戏也不会成功。于是当 Glitch 变成一个死胡同后，团队意识到他们的工具有其他工具所没有的特性，在一系列即兴改变之后，2013 年，Slack 被发布出来。

即兴创新的关键是处理好自相矛盾的事情：一方面，要设定一个目标作为团队工作的焦点。有了这个目标，团队成员可以识别他们何时实现了目标。另一方面，目标要有一定的开放性，以便为问题发现型创新创造条件，正如戈尔公司的工程师决心创造新的吉他琴弦那样。当汽车制造商宝马公司研究一款新产品的可行性时，领导者会给出一个大致目标，然后让多个团队参与竞争。这些团队分布广泛，从慕尼黑总部的工作间到洛杉矶的设计室。但是比赛必须精心设计，否则会阻碍创造力。哈佛大学教授丹尼尔·格罗斯（Daniel P. Gross）研究了在线商业标识设计竞赛，客户在竞赛中发布设计简报来描述他们的业务和他们设想的标识，然后自由设计者提交他们的想法。格罗斯发现，适度的竞争会产生更多原创作品，但太多或太少则会阻碍创造力。竞争加上松散而具体的目标，可能正是团队天才的正确配方。

2. 认真倾听

听一听杰弗里·斯威特（Jeffrey Sweet）是如何描述芝加哥一场盛大的即兴剧场演出的：

> 今晚，一切进展顺利。看他们的即兴表演就像在看专业的冲浪运动。冲浪运动员们凭着令人难以置信的平衡能力，将自己保持在浪尖上。这些演员，现场忘我工作数小时，甚至超越了即兴创作状态，保持在创作的巅峰。此时此刻，这真是一种视觉享受。其间又掺杂着一种兴奋感，这种兴奋感源于他们自身处境的不稳定性和始终存在的风险，风险是因为丝毫的判断失误就会导致全盘皆输。

当演员或音乐家们谈起团队心流时，他们把那种感觉比作在波浪上穿行，与舞伴或爱人在舞池滑动。"当经历团队心流时，那种凝聚力是令人难以想象的！"爵士乐长号手柯蒂斯·福勒（Curtis Fuller）说道，"对我来说，那是弥足珍贵的特殊时刻，当这种时刻到来时，我仿佛进入了忘我的境界。就像一个妙不可言的东西，达到了全盛时期的状态。"即使在全力以赴表演的时刻，每位成员仍保持开放的心态倾听他人的演奏。

当团队成员全身心投入时（即兴表演者称其为"认真倾听"），团队心流发生的可能性更大。此时，团队成员没有事先计划他们要说些什么，他们的表达是对所听到的一切发自肺腑的应答。2010年，《科学》杂志发表了卡内基梅隆大学的安妮塔·伍利教授领导的一项名为"社会敏感性"的研究。安妮塔·伍利和她的同事发现，当一个小组的成员有更多的社交积极性时，这个小组的表现就会更好。如果你已经决定了将要发生的事情，你就会停止倾听，即兴创作的人对这种做法不以为然，轻蔑地称之为"在脑海里写剧本"。

一位顾问这样描述营造团队心流的管理者："她来到会议室，我知道她有许多别的事情要处理，但是她准时地出现在了会议室。她仔细聆听我们讲述做了什么以及为什么这样做，在我们互动的整个过程中，她会不断提出极好的问题。"有太多的管理者专注于自己的议程，以至于扼杀了团队心流。认真倾听的人会给他人以激励，能够激励他人的人就是高水平的管理者。

3. 全神贯注

篮球运动的快节奏和队员不停地穿梭跑动要求参与者注意力高

度集中，密切关注同伴和对手的一举一动。"如果你回想，为什么自己在那个瞬间手感如此好？"希斯赞特米哈伊曾访问过的一位篮球运动员这样说。时间似乎停止了，一分钟就像一小时，篮球在做慢镜头移动。

在音乐演出中，保持团队心流是一种挑战，演奏者不能放松警惕性，否则他们就会落后。演奏者在弹奏的同时，还必须注意倾听同伴的演奏并给予及时的回应："你必须学会分配你的注意力……在你的头脑中，对于要说或者要做的事情，需要做到心中有数，同时还必须注意倾听鼓手的演奏。"一个演奏者告诉我。

有人认为，在紧迫的期限压力下，高技能人士的心流可以得到促进。但研究结果恰恰相反：在严格的、高度紧迫的期限压力下，团队心流会消失。哈佛大学的特雷莎·阿玛比尔发现，创造力与低压力工作环境关系更密切，尽管许多人感觉他们在高压环境中更具创造力。在团队心流中，团队关注的是自然的工作过程，而不是领导者设定的期限。当人们的注意力集中在工作上时，心流发生的可能性更大。这时，人们通常忽略鸡毛蒜皮的小事，不计较任务结束之后到底有没有物质报酬。虽然在某种意义上说，严格的期限是一种挑战，但它不是一种适宜的挑战，激发心流的最根本挑战应该与任务本身有关。

在团队活动和其他事情之间划出界限，将提高团队心流发生的可能性，哪怕界限是临时的或是虚拟的。公司应该预留特定的地点促进团队心流，使成员能参与简短的排练，或者参与有助于识别任务变换的热身活动。许多著名企业的成员都有着强烈的团队认同感，他们感觉自己是独特的，不同于组织的其他部门。今天，IDEO 培育团队认同感的方法广为流传：几乎每个团队都有一个特别的队名，都订购了绣着队名的棒球帽或 T 恤衫。

容易被我们忽视的另一方面是注意力的下降。例如，安妮·迈纳和她的同事观察到西福公司（Seefoods）坚持推迟沙拉生产线的开发，把所有的精力都集中在了三明治的生产线上，即便当时的市场分析已经显示沙拉生产线将会成功。一些人认为速成公司的科学家们分散了工程师对原产品计划的注意力，因为他们从已被证明具有良好市场潜力的精心计划的战略中抽取资源。总之，市场部和工程部认识到了即兴创作的益处，但财务部和生产部却把它看成会带来低效和过失的潜在威胁。这和在爵士队和篮球队一样，保持团队心流需要持续的密切关注，只有合适的企业文化和正确的领导才能做到这一点。

4. 尽在掌握

当行动和环境尽在掌控之中，人们便可以体验到心流。这意味着除非团队高层赋予下级自主权，否则团队不会体验到心流。1995年，户外品牌巴塔哥尼亚（Patagonia）的首席执行官迈克尔·克鲁克（Michael Crooke）读了希斯赞特米哈伊颇有影响力的书《心流》（Flow）之后，赋予员工自主权，并在公司开辟了心流导向的工作氛围。巴塔哥尼亚位于加利福尼亚州文图拉的太平洋海岸附近，员工走出公司就可以冲浪。公司创始人伊冯·乔伊纳德（Yves Chouinard）是个像希斯赞特米哈伊一样的登山爱好者，提出了"让我们的人去冲浪"，意思是无论什么时候，员工都可以去冲浪。[1] 克鲁克在 1998

---

[1] 想了解巴塔哥尼亚的更多企业故事，推荐阅读由湛庐文化策划、浙江人民出版社出版的《冲浪板上的公司》。——编者注

年至 2005 年领导巴塔哥尼亚时将心流引入了团队。他说："心流，是我在巴塔哥尼亚所做的一切的核心。"他将巴塔哥尼亚团队的巅峰表现与他 19 岁时的经历进行了比较，当时他是美国海豹突击队的一员。巴塔哥尼亚团队是早期的采用者，不久之后，丰田、爱立信和微软也将团队心流用于公司的文化和战略整合。

当人们在工作中感觉到拥有自主权、胜任力，并且彼此关心时，团队心流出现的可能性就会增加。许多研究发现团队自主性是团队绩效最好的预报器。与个体心流不同，对团队心流的控制往往存在自相矛盾之处，一方面要控制参与者，另一方面要保持灵活性和认真倾听的状态，始终自愿且顺从团队心流的到来。最具创新力的团队往往能成功处理这对矛盾。

5. 忘却自我

爵士乐演奏家知道他们需要掌控自己。但是，每一个年轻而且很有天赋的乐器演奏者却是个蹩脚的爵士乐队演奏家，因为他们没有能力将自己融入团队思维中，不能平衡自我表演和认真倾听的关系。

当整个团队演奏，诸多演奏家仿佛受一个大脑指挥时，神奇的团队心流时刻来临了。传声图像乐队（Talking Heads）主唱戴维·伯恩（David Byrne）曾就演出成功说："在一定程度上忘却自我，成为团队的一部分。"在那种状态下，听众会感觉到演奏者们正在看同一份乐谱，虽然实际上并不存在什么乐谱。每一个演奏者都在协调认真倾听和自身创新之间的关系，以此处理好即兴创作的自相矛盾之处。

经历团队心流时，每个成员的创意都建立在同事的创造性工作的基础之上，好像有一只无形的手把这种即兴创作引领到了高峰。然而，无数微小的创意是创新产生的基础。在评论一名时常体验到团队心流的同事时，一位经理说："他总是处于精神抖擞、随时与你交流的状态。他一边倾听，一边对你所说的做出反应，而且注意力高度集中。"

6. 平等参与

所有的参与者平等参与并促成最终业绩的团队，更可能经历团队心流。如果团队中某一成员的技能低于其他人，团队心流就会受阻。因此，所有参与者必须技能相当。专业运动员不愿意同业余选手同场竞技，因为专业选手感到无聊，而业余选手也有挫败感，无法达到团队心流。当拥有权威的人态度傲慢或者认为从交谈中学不到任何东西时，心流也会受阻。一名软件设计师讲述了他的领导者是如何破坏心流的："我们正在近乎疯狂地完成一个项目，这个时候他突然闯进来，指挥我们该怎么做。他没有去了解我们的想法……那真是彻底的失败……那次会议上，那些创意本可以有所进展的。"

最近，一项对石油化工组织的 101 名工程师的社会网络分析发现，管理者往往会削弱心流。然而，当研究者对一个遭遇 2001 年"9·11"恐怖袭击并且事后重组的政府部门做同样的分析时发现，管理者促进了团队心流。管理者可以参与团队心流的形成过程，但他们必须像其他人那样认真倾听，同时必须赋予团队决策过程中的自主性和权威性。

7. 熟悉

一名参加临时比赛的球员告诉社会学家杰森·吉默森（Jason Jimerson）："你必须知道如何同他们比赛。"当队员对同伴和对手的比赛风格了如指掌之后，团队心流更容易到来。心理学家在研究了许多不同的工作团队后发现，熟悉度能提高生产力和决策效率。当团队成员相处一段时间后，他们之间就形成了共同语言和一套潜规则。心理学家把这种相互理解称为默契，而且因为默契是不言而喻的，所以人们甚至常常无意识地就做到了有效交流。

在即兴创作中，只有当所有成员达成默契时，团队心流才会到来。即兴表演的演员要学习一套帮助表演的指导原则，比如"不要否决"和"只管表演，不要说话"；爵士乐演奏家必须学习基本的和弦、声调和歌曲的其他标准组成元素，包括十二小节蓝调和十六小节的百老汇音乐剧。除此之外，他们还必须掌握一系列令人头晕目眩的惯例、习俗和不成文的规则，例如，按惯例每个独唱者的表演时间要与之前独唱者的时间大致相当。

有三类共享知识有利于即兴创作团队产生团队心流：所有参与者提前知道任务的流程或大体框架（尽管有很多片段长度和转换时间都是即兴的）；知道即兴重复段，了解它们是如何按顺序排列的；统一的惯例（调节团队内部互动的潜规则）。

团队心流需要团队成员对团队目标有共同的理解，因为清晰的目标对于心流的形成至关重要；需要成员了解彼此的交流模式，以便相互之间进行及时的反馈，及时的反馈是心流形成的关键。然而，如果团队成员太相似，心流形成的可能性会变小，因为团队内的交流丧失了新奇感。如果每个人的职能相似，交流习惯相同，那么富有新意、出乎意料的事情就不会出现，因为团队成员太相似了，不需要密切关注他人在做什么，也不必更新现有的观念。

两三年后，团队成员会因为过于熟悉而导致绩效下降。认真倾听没有了必要，因为彼此相当了解，不再有什么新奇了。团队心流一旦消失，团队就会四分五裂，团队成员开始到别处寻找新挑战。芝加哥即兴演出剧团的持续性集体演出很少超过 3 个月，许多团队的成员在离开原组织后组建新团队的时间间隔很短。组织应该有适当的机制缓冲创新团队在生命周期中的自然转变过程。许多最具创新性的组织就像芝加哥的即兴表演一样轮换着团队成员。在 3M 公司，工程师每隔几年就会轮换到一个新部门。陶氏化学将员工重新分配到不同的职能、业务部门甚至地区。

人员之间的熟悉有助于问题解决型创新。如果团队有一个特定的目标，其成员却没有足够的共识，目标就很难达成。许多研究证明，团队的高凝聚力与高绩效相关，尤其是大型团队（人数多于7 人）。

但是，如果一个团队需要发现和定义新问题，共享信息太多反而会造成障碍。当团队成员趋于多样化时，问题发现型团队容易形成团队心流；当成员之间比较默契时，问题解决型团队更富效率。

8. 交流

爱立信公司商业战略创新部的副总裁斯蒂芬·福克（Stefan Falk）读了《心流》之后，对公司重新设计，使心流成为核心经营理念。公司每年举办 6 次长达一个多小时的反馈会，会上，管理者要会见每位员工。当福克到斯堪的纳维亚的大型运输公司绿色货运公司（Green Cargo）任职时，他进一步提出管理者应当每月和员工进行一次透彻的会谈，会谈形式类似于主管培训。2004年，绿色货运公司在长达120年的政府管理历史上首次实现盈利，首席执行官把这归功于福克的心流策略。

团队心流需要持久的交流。人人都讨厌无意义的会议，事实上，形成团队心流的交流通常不是发生在会议室里。相反，它更可能是在走廊里一次随心所欲、自然而然的交谈，或者是工作之余或午餐时的闲聊。

9. 向前推进

第2章提到的速成公司的程序缺陷问题，团队加以创新，新增了一项新的"快速搜索功能"。把程序缺陷解决了固然很好，更具意义的创新成果归功于团队成员不断向前推进的交流。

速成公司的一个项目团队正在琢磨如何克服某个软件的性能不稳定部分，这部分软件用在一些产品上表现不错，在另一些产品上却表现不佳。一名工程师解释道："现在我们也爱莫能助，软件在应用中的表现差异，是自身无法改变的属性所造成的。"第一个想法就是简单地忽略软件产品所表现的差异性，因为即使性能最差的那部分也达到了可接受的产品质量的最低标准。可是团队的其他成员认为，如果消费者认为自己购买了一款畅销的优质产品，结果发现只是中等的甚至最差的产品，恐怕他们会有被欺骗的感觉。大家都提出了建议：发布软件产品前对每一个部分进行检验，要求厂商测试这些表现不稳定的部分，并向其支付一小笔费用，然而这些办法的花费都太高了。

后来，一位工程师说："如果你看到一款畅销产品，请告诉我。我会打电话给消费者，告诉他们我们有这个产品，并且将它制作成他们想要的产品。然后他们会想'噢，速成公司真棒，他们真的在意我'。"这样做要强于校正那些性能上的差距，他们采用了一种及时的、即兴的方案解决问题：利用产品表现的差异来建立客户关系。如果人们遵从即兴创作的第一条规则"是，而且……"，团队心流就会源源不断地出现。为此，需要对别人的创意认真倾听，充分接纳，并在此基础上引申、拓展。

10. 失败的益处

爵士乐队在排练期间很少体验到心流。团队心流的出现似乎需要观众的参与以及随时都有可能产生的真正有意义的失败风险。爵士音乐家和即兴演出团都无法预知一个节目的成败。钢琴演奏家富兰克林·戈登（Franklin Gordon）说："并不是每个晚上都能达到团队心流……但有些时刻，大家在演奏时感觉到彼此已经融为一体。对演奏家和敏感细心的听众来说，这是个妙不可言的时刻，也是爵士乐中最美妙之处。"专业演员不要害怕怯场，要学会利用它，把它变成推动心流的强大动力。

许多团队需要一个前期热身阶段才能进入团队心流。芝加哥的蓝调乐队，包括主唱、吉他弹奏手或者打击乐手，会在后台演奏第一部分，这有利于所有成员协调一致。当乐队来到舞台上时，乐队指挥面对的是一个已完全热身的乐队。"你只需让他们去演奏，音乐主线自然而然就清晰了，"爵士乐小号手吉米·罗宾逊（Jimmy Robinson）谈到节奏部分时说，"当他们彼此有了感觉，并融入一起时，再加入铜管。"因此，当观众来到剧场入座后，偶尔会听到从后台传来奇怪的叫喊声和敲打声。那就是即兴演出团队在进行表演练习时，热情高涨，进入了团队心流状态。

当然，在商业领域，人们几乎不可能有时间进行"排练"。问题是，绝大多数企业都在力求降低风险、惩罚失败。然而，许多研究表明频繁的失败是创新的孪生兄弟。没有不经历失败的创新，不经历失败的风险就无法形成团队心流。而一些研究发现，团队心流往往会带来最具意义的创新。结合这两类研究，我们发现失败和团队心流有所联系。

在失败的情况下保持团队心流的关键是心理安全感。万事达卡国际市场总裁安·凯恩斯（Ann Cairns）对创新团队的评价最高："你需要的是能够互相挑战的人，但他们必须感到安全。"哈佛大学教授艾米·埃德蒙森（Amy Edmondson）说："在心理安全的环境中，人们相信，如果他们犯了一个错误，或者问了一个幼稚的问题，其他人不会因此而惩罚他们，才不会减少他们想法的产生。"这些团队有一种团结的感觉，人们可以尝试一些新的东西并抓住机会。这是一个"共同的信念，由一个团队的成员持有，是一个可以冒险的安全地带。它描述了一个以相互信任和相互尊重的人际关系为特征的团队氛围，在这种氛围下，人们感到舒适自在"。

即使是在商业领域，我们也能找到办法进行排练和改进。心理学研究表明，在各行各业，从艺术、科学到商业，最高效的人是那些"刻意训练"的人，他们在完成一项任务时，总是不停地思考如何做得更好，获取经验教训以备后用。关键是将每一次活动都视为下次活动的排练。最出色的爵士乐队就是经过刻意训练，在付费的听众面前出色地表演。

当以下这些成对的张力达到完美的平衡时，团队心流就会到来：惯常的和奇特的、结构化的和即兴创造的、评判性的分析性思维和随意的不受限制的思维、倾听他人和抒发己见。大多数在团队中工作的人对工作的满意度更高，没有什么比团队形成心流更好的了。谷歌的一个项目经理坂口马特（Matt Sakaguchi）和其团队一起经历了团队心流之后说："这是我做过的最有意义的工作。我为什么要离开呢？"

进行即兴创作的悖论是，只有存在一定规则，而且参与者之间存在默契时，即兴创作才会产生。规则过多或者凝聚力过强，也会丧失创新的潜能。那些必须进行创新的团队所面临的关键问题，是进行适当的结构化，但又不能过于结构化导致创新窒息。爵士乐队和即兴演出团队给所有的团队以重要启示，因为他们成功地找到了这些因素的平衡点。这些类型的整体艺术形式充分利用了张力平衡来推动团队创造。

团队心流带来持续创新

1949 年，喜剧演员席德·西泽（Sid Caesar）组建了一支传奇的喜剧写作团队，并且创作了20世纪50年代最火爆的电视剧之一：《你的演出的演出》（*Your Show of Shows*），每周六晚上长达90分钟的直播。该剧一直热播了9年，西泽的编剧组包括梅尔·布鲁克斯（Mel Brooks）、卡尔·雷纳（Carl Reiner）、《陆军野战医院》

（*M*A*S*H*）的制片拉里·吉尔巴特（Larry Gelbart）、尼尔·西蒙（Neil Simon）和伍迪·艾伦（Woody Allen）。这个节目首次超越了无关痛痒的闹剧表演，其中包含有一定深度但又不至于冒犯观众的素材。梅尔·布鲁克斯将它与一支世界级棒球队相媲美，许多专家坚信这是电视史上最伟大的一支创作团队。

在曼哈顿 130 号西 56 街 6 层的一个小套间里，编剧组完成了这个电视剧。西泽营造了一个适合即兴创作的环境，在这里大家可以集中精力编写最逗乐的情节。这个团队坚持不懈地交流创意，并不断推进创意。梅尔·布鲁克斯回忆道：“笑话会被修改 50 次。8 分钟的草稿要花 8 分钟时间来修改。”他们的创作模式是问题发现型的，他们不断地修改同样的场景，直到团队创造出卓越的作品。作家们感觉到自己比想象得更伟大，这就是团队心流的典型效果。

一些大公司倾向于提倡封闭式交流、建立狭窄的交流渠道以及减少风险，它们是很难有这种体会的。为此，那些追求团队心流的人常常避开大公司，加入一些小型创业公司，甚至自主创业。许多企业家开辟新业务不仅为了获得额外的成功，也为了体验心流。如今，全球人才竞争激烈，需要进行创新的组织，无法负担因优秀的即兴创作人才的流失所造成的损失，为此需要为团队心流创造条件，让团队创造力长盛不衰。

现在，我们知道团队创造力来自即兴合作，而且还知道它发生的条件。但是，团队也有它消极的一面，比如我们曾遇到过没人发言的团队。团队创造力和群体思维之间的区别是什么？如何确定一个团队是一个天才团队，而不是令人讨厌的“委员会设计”团队？我们将在下一章回答这些问题。

GROUP GENIUS
成为创意组织 ─────────────────────────

1. 达到心流状态的 4 个条件

- 任务难度与自身技能相当

- 目标明确

- 能得到持续的、及时的，有关目标完成程度的反馈

- 全神贯注地完成任务

2. 培育团队心流的 10 个条件

- 团队目标

- 认真倾听

- 全神贯注

- 尽在掌握

- 忘却自我

- 平等参与

- 熟悉

- 交流

- 向前推进

- 失败的益处

04

低效的头脑风暴，
有害的群体思维

如何确定一个团队是天才团队？
头脑风暴和群体思维有什么关系？

　　头脑风暴在今天得到了非常广泛的应用，但人们却很容易忽略它实际上是亚历克斯·奥斯本（Alex Osborn）在 1950 年才设计出来的，而奥斯本是传奇广告公司天联广告公司（BBDO）的创始人之一。奥斯本的核心观念是：批评是创新最大的敌人。在应用头脑风暴的过程中，创意必须保持流畅无阻，评论分析要暂且推迟。20 世纪 50 年代，奥斯本在布法罗大学（University of Buffalo）建立创新教育基金会，用于传授他的"创造性问题解决"理论。60 多年后，每年的创造性问题解决会议（Creative Problem Solving Institute）依然在顺利进行，各行各业的公司仍在采用头脑风暴。

　　在一系列畅销书中，奥斯本设计了头脑风暴法的四项基本原则。第一，禁止批评，不允许评价任何创意，除非头脑风暴法会议已经结束；第二，自由畅谈，创意越独特越好；第三，追求数量，产生的设想越多，其中的好创意就可能越多；第四，寻找与先前创意的联系，改善先前的创意。

　　近些年来，IDEO 比其他公司更喜欢应用头脑风暴法。每个设计师的 5% ～ 10% 的时间都用在头脑风暴法上。IDEO 在奥斯本的原则基础上又增加了一些规则：切中主题，每次一个议题，鼓励奇思妙想，不要妄下结论，充分运用环境中的硬件（每个房间都有一块写字板，随处可见的报事贴）。为了从团队外部成员那里获得创意，IDEO 的头脑风暴法需要提前计划。接受过训练的主持人首先列出可能的参与者名单，确保团队拥有所有具备必要技能的人才。议题范围从目标导向的问题解决型任务（如"这种工具噪声太大了"）到目标不明确的问题发现型任务（如"当电脑不工作时，它还有什么用处"）。会议一般持续 45 分钟到 2 个小时，参与人数为 3～10 人不等。

IDEO 有专门进行头脑风暴的专用会议室。会议室的四面墙上挂着头脑风暴法的原则，每个人都有纸和笔。在头脑风暴会议中，主持人严格遵守规则，并在写字板上写下每个人的设想。训练有素的会议主持人对于头脑风暴法的成功与否是非常必要的。研究表明，一些团队拥有训练有素的主持人，这类团队的创造力是普通团队的两倍。

头脑风暴法一直是最流行的激发创造力的方法。但是也存在一个问题：它的效果并不像宣传得那么好。在 IDEO 采用头脑风暴法成功了，但是，在另一家公司可能会失败。心理学家对此并不奇怪，因为数十年的研究不断证明，应用团队头脑风暴法所提出的创意，要远远少于这些个体单独工作所产生的创意之和。

"委员会设计"隐患重重

我们都参加过无所作为的会议。2013 年，云存储公司 Dropbox 在两周内取消了所有重复出现的会议。"委员会设计"这个具有讽刺意味的标题并不是指如何进行团队创造。最初的迷你轿车设计者亚历克·伊斯哥尼斯（Alec Issigonis）爵士就曾说过，骆驼乃是由委员会设计的一匹马。这个比喻点出了生活中可悲的一面：在许多组织中，与个体相比，团队更容易沉默不语。我们该如何确认所拥有的是有创造力的团队而不是愚蠢的团队呢？令人欣慰的是，数十年的研究找到了头脑风暴法失败的原因，我们可利用这些教训避免"委员会设计"带来的隐患。

关于奥斯本方法的首次研究于 1958 年在耶鲁大学完成。3 名心理学家招募了 48 个人，把他们 4 人一组，分为 12 组。研究者先给他们介绍奥斯本头脑风暴法的 4 项基本原则，然后给每个团队 3 个问题，要求在 12 分钟内完成。然后，他们招募了另外 48 个人作为对照组，要求每个人在同样的时间内，单独完成同样的问题，并且向这些单独工作的个体介绍了奥斯本的 4 项基本原则。这 48 个人在独立完成任务后，研究者指定任意的 4 人组成一组，共组成 12 个团队。研究者称这些对照组的团队为：名义团队。

研究的结果出人意料之外：名义团队在完成 3 个问题时所提出的创意数量，几乎是应用头脑风暴法团队的两倍。研究者接着分析了哪个团队的原始创意更多，也就是确定每个创意是来自团队还是来自个人。结果头脑风暴团队再次失败，名义团队的原始创新数量几乎是真实团队的两倍。最后，研究者请一些独立裁判分别从可行性、有效性和一般性 3 个维度评估每个创意的质量，名义团队仍然是真实团队的两倍。最后的分数为：名义团队得到 3 分，头脑风暴团队则为 0 分。

然而，我们不能仅仅因为名义团队更具创新性，就认为头脑风暴法的原则是无效的。毕竟，参与实验的个体也遵循这些原则。这些研究仅仅表明，个体比团队更善于运用这些原则。一些研究表明，经过头脑风暴法培训的个体在随后的单独工作中能够提出更多的创意。

随后，为了更好地促使创意形成，研究者们开始寻找更为有效的原则。他们告诉被试，如果创意越有想象力或创造性，得分就越高。创意的得分视其两方面表现：一是独一无二或者与众不同，即与一般创意相比，该创意有什么不同之处；二是价值大小，比如社会价值、艺术价值、经济价值等。这些指导性原则与经典的头脑风暴法基本原则大相径庭，因为人们被告知了评价创意的独特标准。在这种原则指导下所得到的创意数量少于经典头脑风暴法，但质量更好。因此，团队创造力的关键在于明确创意的评价标准，即想象性、独特性和价值性。除此之外，只要让关键成员参与进来就万事大吉了。在奥斯本的观点中有　条是正确的，那就是，大多数人用错误的标准评价创意，他们关注那些将要起作用的、之前有效的，或者熟悉的创意。

我们已经在实验室反复验证过这个发现，相对于被告知将不对其创意进行评价的被试，知道要对其创造性进行评价的被试更有创造性。至于头脑风暴法，当我们要求团队提出优秀的、创新性的解决方案时，他们的创意数量虽少，但提出的创意质量更高。IDEO 的头脑风暴会议是成功的，因为设计者有一种内在动力去追求创新性和原创性，并且每次会议中他们都开展批评性评估，因为与会者要投票表决出最受欢迎的创意。创造的真正挑战不仅来自创意的数量，正如许多管理者喜欢说的："创意是廉价的。"非常重要的是，随后会有人根据创意的独特性和价值去挑选最好的创意。

1961 年，在普渡大学进行的一项研究强调了选择的重要性。研究者要求学生为三种新产品设计商标名称，三种产品分别是：除臭剂、汽车和雪茄。其中一半团队是基于通常头脑风暴法中的原则：禁止批评；另一半团队的指导原则是批评性的："除非经过深思熟虑，否则创意是没什么价值的……我们需要优秀的、可行的创意，要避免愚蠢的无聊的创意……重点是质量，而不是数量。"被试们提出的商标名称将由另外 50 名学生进行创意质量评估。

正如奥斯本所预想的，禁止批评的团队产生的创意数量大约是允许批评的团队的两倍。但是多出的创意质量不佳，两个团队创作的高质量创意的数量大体相同，这意味着允许批评的团队提出的高质量创意的比例高于禁止批评的团队。在现实工作中，随后将会有人来评价所提出的创意，并挑选出优秀的创意。由于头脑风暴团队产生了更多数量的创意，完成这一任务也由此更为耗时，然而两种方式下最终产生的高质量创意的数量是相同的。因为头脑风暴会产生更多的劣质创意，所以最好给团队成员批评性的指导原则，这样一来，他们不仅得到同样数量的高质量创意，而且减轻了随后其他人淘汰劣质创意的工作量。

我们可以运用团队提出创意，还应当运用团队来评估创意。那是可以通过团队创造力得以很好完成的另一项任务，实践证明团队在评估创意方面优于个体组成的名义团队。在许多公司里，管理者有权利选择采纳哪些想法，这恰恰是落后的表现。

低效头脑风暴的改良

1970 年左右，研究结果已经相当清楚，头脑风暴法是低效的。然而，仍然有很多人认为它是有效的，以至于到 20 世纪 70 年代后期，研究者们还在继续比较真实团队和名义团队的优劣，每次研究的条件有细微的差异，研究结论都证实了 1958 年的发现。尽管大多数研究在实验室进行，但即便是在真实的公司里，名义团队仍然能提出更多、更好的创意。例如，在一项研究中，所研究的企业有着浓厚的团队文化，研究人员对每名员工进行了为期三天的关于群体动力的培训，同时由受过培训的员工主持会议。研究人员要求公司现有的工作团队提出改进公司的方案。即使在这种强调团队文化的公司中，名义团队仍然能提出两倍的创意。

到 20 世纪 80 年代，原先持怀疑态度的人也开始相信：简单地应用头脑风暴法的原则将不能带来最有原创性的新创意。但头脑风暴团队更擅长评估创意，并且如果改变指导原则，将提高其工作效率（IDEO 曾经试验过）。在过去的几十年里，心理学家已经发现，通过重组团队可以令其创造力最大化。他们首先研究导致头脑风暴法效率受损的原因，认为据此推理下去，就能够找到让团队最大限度发挥自身潜力的方法。

研究人员不久就找到了可能导致头脑风暴团队创造力低下的 3 个原因，针对每个原因，研究人员都提出了一些能提高团队创造力的方法。第一个原因是生成受阻（Prodution Blocking）。由于团队成员不得不认真倾听他人的观点，就没有精力去思考新创意。而且，其他人提出创意时的兴奋感会干扰个体形成自己的创意。这就是团队规模越大，效率损失越多的原因：随着成员数量的增加，每个人的发言时间减少。

造成生成受阻的一个原因是主题定式。研究表明头脑风暴团队所产生创意的聚类数量少于名义团队。与个体头脑风暴使用者相比，团队在更短时间趋向主题定式，并且花更长时间在同一类主题上。避免主题定式的方法是给团队成员单独工作的时间，以及改变团队的互动方式。例如，"电子头脑风暴"，每个成员把创意打在一个共享的屏幕上，就像聊天室那样。由于主题定式现象的减少，团队更有创造性。此外，还有用"写"代替"说"，这种方式下，每个成员用 5 分钟时间单独写下自己的创意，然后传给下一个人，这种方法比标准的头脑风暴法更有效。"电子头脑风暴"和"书写式头脑风暴"提出的创意数量并不少于名义团队。

社会抑制（Social Inhibition）是效率降低的第二个原因。这种现象指团队成员因担心别人议论而隐瞒自己的创意。人们用头脑风暴法解决有争议的政治问题时（比如如何减少本国的移民数量），所提出的创意要少于解决无争议的问题（比如如何提高郊区人们生活水平问题）时所提出的创意。当权威人物或专家在场时，或者当成员们被告知有专家用单向反射镜观察倾听讨论时，所提出的创意同样会减少。如果老板在讨论现场，成员会更加在乎老板的评价。为了减少社会抑制的负面影响，第一种方法是要让团队成员真正感到平等，并且没有权威人物在场（这是"团队心流"的条件之一）。在IDEO 公司，当总经理汤姆·凯利（Tom Kelley）参与头脑风暴团队时，他会服从会议促进者的安排，与其他参与者一样遵守相同的规则。减少社会抑制的第二种方法是使用经过培训的会议主持人，以促使人们无拘束地讨论，并发现谁可能受到了抑制。

社会惰怠（Social Loafing）是效率降低的第三个原因。处于团队中的人，责任感没有单独工作时强。因为责任被分担到所有成员身上，个体会有些松懈，可能就不再那么卖力地工作。在头脑风暴团队中，没有人追究创意的主人是谁。实验室研究发现，如果告知团队成员将会受到单独评估，这样的团队能提出更多更好的创意。

群体思维与不良决策

如果头脑风暴法不如人们想象的那样有效，那它为什么如此流行呢？这是因为团队效能的幻觉（Illusion of Group Effectivess）。当研究者询问团队成员，对于同样的任务，是否认为团队的业绩高于单独工作时的业绩时，他们总是说团队给他们提供了帮助，尽管研究者有确凿的证据证明事实不是这样的。当我在工作间成立名义团队的时候，正如研究预测的那样，他们总是比头脑风暴团队更有创造力。但是，个体认为独自提出创意是件枯燥的事，而头脑风暴团队却兴致高昂地分享着欢声笑语，快乐的时光使人们高估了团队的实际效率。

1972 年，欧文·贾尼斯（Irving Janis）在其著作《群体思维》（Groupthink）中描述了那些司空见惯的情形，即由一组聪明人组成的团队比个体单独工作更为愚钝的现象。贾尼斯讲了一个有关 12 个吸烟者的故事，这些人被集中到一个健康医疗中心，目的是戒掉烟瘾。在他们

群体思维
Groupthink

群体思维反映了一组聪明人组成的团队比个体单独工作更为愚钝的现象。团队越具有集体意识，群体思维就越可能带来不良决策，而头脑风暴法往往会导致群体思维。

的第二次会议上，最有支配力的两名成员争辩道：严重的烟瘾几乎是不可治愈的，绝大多人也马上同意。但是一个中等年纪但烟瘾极大的政府行政官员不同意这种说法。事实上，自从参加了这个团队，他已经凭借意志力完全戒掉了烟。其余的 11 人联合起来猛烈地抨击他，以至于在下一次会议上，会议刚开始，他就宣布：我已经恢复每天抽两盒烟了，我不会再努力戒烟，直到我们这个群体解散。群体中的其他人报以热烈的掌声。别忘了：这个群体的主要目标可是戒烟啊！

团队越具有集体意识，群体思维就越可能带来不良决策。当团队凝聚力很高时，大家相处得很好，彼此欣赏，乐于成为团队的一员。团队分享了过多的隐性知识，如果一个成员对抗其他人，他就会受到其他人的联合攻击，遭遇与那个戒烟者相同的下场。令人不解的是，尽管每个人都认为合作是令人愉快的，但仅有特定的团队从中受益。

劳动分工型团队无法真正创新

到目前为止，对头脑风暴和群体思维的研究与我们所做的有关合作力量的研究之间的矛盾，我们该如何解释呢？也许头脑风暴法最大的问题来自一个简单的事实，即从理论上看，分配给团队的任务（提出一系列创意或方案），只靠某个人也可以完成。有时，个人的创造性活动是可叠加的：你可以把个体集合起来，组建名义团队。但是最具创造性的团队的任务是不可叠加的。

即兴创作团队不同于那些因为每个人面临的工作任务太多，或者任务需要具备不同技能的人而简单组合在一起的工作组。在那些工作组中，管理者需要进行劳动分工。但是对于即兴创作团队，事先并不知道子任务，工作分配是后来出现的。一些子任务是不可分解的，因为他们需要团队多个成员的共同努力。劳动分工型团队不可能产生真正的创新，即便是他们每周都召开工作进展会议，创新也很少出现。

从理论上看，在即兴创新中所形成的集体创意不是个体能力所能实现的。现在让我们想一想四人组成的爵士乐队的即兴创作，我们假设一名鼓手、一名贝斯手、一名钢琴演奏手和一名萨克斯手，都在弹奏同样的曲子，但他们被安排在单独隔离的房间里，彼此听不见，这实际上组建了名义团队。然后在录音室把四种声音整合成一个录音带。想象一下，那种音乐听起来会多么糟糕。每一个音乐片段都有细微的但显而易见的不协调，名义乐队绝无可能达到最理想的状态。只有真实爵士乐团的演奏才能成功，作品才会广为流传。即兴创作所带来的创意数量不是个体创意的简单叠加，而是呈指数上升的。

在头脑风暴团队中，某一个人的评论可能激发其他人提出新创意。但是如果第一个人被给予足够的时间，他可能会提出同样多的创意。在爵士乐队中，有那么多不同的表演风格，一个人不可能演奏所有的乐章和韵律。爵士演奏家在其职业生涯中会无数次演奏同样的歌曲，但每次都能有新意。如果要求一些人在一年中的每个周一都用头脑风暴法寻找除臭剂商标名称，相信过不了几周，这些人会发现再想出新创意将面临巨大的困难和压力。与只需简单列出方案的实验室研究相比，团队创造力研究的空间更大、结构也更复杂。冷战时代奥斯本的观点引发了狂热，如今该学科已经发展了很长一段时间。合作创造力科学提示我们：团队设计应该本着促进创造力的目的。

合作能更好地解决复杂问题

直到现在，我们一直在谈论用语言描述的创新：创新成果以单词或句子形式表达出来。当一项团队任务是开发真实的或可视的事物时，事情将会怎样呢？作为一家设计公司，IDEO 要求创造出来的产品外观必须出色，他们的头脑风暴法规则包括"可视的、实物化的和考虑空间感"。最近的一项研究发现，团队在视觉创新方面胜过个人。斯坦福大学的心理学家丹·施瓦茨（Dan Schwartz）比较了同一个问题的独立解决方式与合作解决方式。例如，施瓦茨要求学生解决 8 个关于齿轮的问题，除了齿轮的数量不同外，问题的描述是同样的：

> 5 个相互咬合的齿轮排成一条线，很像桌子上的一排 25 美分硬币，如果你顺时针转动最左边的齿轮，最右边的齿轮将会怎样转动？

先前的研究表明，个体和团队都能很轻松地解决这类问题。一开始，个体和团队都借助手掌模仿齿轮运动。但是舒瓦茨发现在解决这 8 个问题的过程中，合作的团队常常发现一个潜在的规律：如果齿轮数目增加到奇数，第一个和最后一个齿轮将会以同样的方向转动（这叫奇偶原则）。合作团队中的一对成员一旦发现了这个规律，他们就停止用手去模仿，就能解决 8 个问题，以及最终的 131 个齿轮问题，用时仅为没找到规律的 1/10。

只有 14% 的独立工作者发现了这个规律，而 58% 的合作团队都发现了这个规律，两者相差 4 倍。即使由两个人组成一个名义团队，根据推算，他们应该要用 26% 的时间就能发现这个规律。因为，为了解决这个问题，合作组成员需要沟通，需要提出双方单独工作所没有的合作性陈述，这些比较抽象的陈述是为了适应每个学生开始工作时的个人视角。

经典的头脑风暴法不会遇到这些问题，因为它的目标是产生一系列的创意。首先，问题是学生们对一些事情一无所知，他们甚至不知道从何谈起；其次，所有的任务都能以可见形式表示出来；再次，每项任务包括诸多不同的元素，只要弄清了元素之间的关系，就能完成任务。

许多创新取决于实物演示、抽象的陈述和内在复杂的联系。科学家常常从视觉和空间角度思考复杂的理论问题，阿尔伯特·爱因斯坦通过想象下降的物体和疾驰的火车，解决了物理学的深奥问题。当然，艺术类工作诸如绘画和雕刻是完全靠视觉的。团队在解决可叠加性的任务时（比如提出创意清单列表）表现得比较糟糕，但他们非常善于解决现实世界中的复杂问题，这时创意往往是先前创意的复杂综合体，对成员来说任务是全新而且不熟悉的，创意的提出往往依靠可见的实物和抽象思维。

多样性与少数派

在第 3 章，我们了解到成员必须达成默契并且在技术水平大体相当的情况下，团队才能进入心流状态。但是，我们也知道，如果团队成员之间过于熟悉，就不再有新奇感，团队心流会慢慢减弱。因此，我们只能通过多样化才能避免过度一致，避免群体思维。

位于康涅狄格州韦斯特波特的桥水对冲基金（Bridgewater Associates）向我们展示了如何利用多样性来避免群体思维。桥水对冲基金公司管理着 1 700 亿美元的投资，用于政府、养老基金、大学和慈善事业。它为客户赚的钱比任何一家对冲基金都多。2010 年，桥水对冲基金的回报高于谷歌、eBay、雅虎和亚马逊的利润之和。关键在于桥水对冲基金拥有一种鼓励反对意见和挑战共识的企业文化，即便是资深的老板，任何员工也都可以强烈反对。公司创始人瑞·达利欧（Ray Dalio）与一个重要的潜在客户的会面结束之后，一位参会员工给达利欧发了一封电子邮件说："你今天的表现太糟糕了，你根本没有准备，今天是非常糟糕的。"达利欧没有解雇这个员工，而是向参加会议的其他人展示了这封电子邮件，并问他们他做错了什么。

长期的研究实践表明，由不同技能、知识和观念的人所组成的异质团队更擅长于解决复杂的、非常规的问题，而同质团队则能更好、更高效地完成简单任务。但是处于变动的环境中，组织需要创新，短期高效率的代价是最终的失败。例如，一项研究发现最具创新的银行是那些能提供最新产品和服务的银行，这些银行常常有一个技能相当多样化的领导团队。

多样性使团队更具创造性，因为多样化导致的冲突能推动团队挑战更富创造力、更为复杂的工作。"少数观点很重要，因为它们能激发人们的注意力和思想分歧。"伯克利的心理学家查尔斯·内梅斯（Charles Nemeth）说。他将研究对象分组，给他们同样的任务。然后给其中一些小组秘密安插了一个奉命给出错误答案的队友。你可能认为在不正确的想法上浪费时间会减少团队绩效，但实际上，这些团队更有创造力。正如施乐帕洛阿尔托研究中心（Xerox PARC）前主任约翰·西利·布朗（John Seely Brown）所说的："如果你与一个导演交谈，你会发现在电影制作的整个过程中，思想的冲突时刻都在发生……突破性进展常常发生在技术的空白地带……这些技术之间的冲突催生了革新性的新事物。"为了确保矛盾观点的表达能够成功推动创新，IBM、壳牌、安海斯布希和3M等公司采用了形式化的方法来促进分歧。

冲突使团队避免陷入群体思维。但是冲突很难控制，因为它很容易演化为破坏性的人际冲突，进而影响创造力。只有团队具备形成团队心流的条件时，多样化才能够提高绩效。这些条件包括：适当地分享知识、认真倾听和开放式沟通的团队文化；专注于清晰定义的目标；自主、公平和平等参与。

最惊人的创新性观念总是源自不同知识体系的有机结合，这是弗朗斯·约翰松（Frans Johansson）的书籍《美第奇效应》（*The Medici Effect*）的主题思想。未来研究所（Institute for the Future）的保罗·萨夫（Paul Saffo）说："单一领域的先进创新不会导致实质性的变化，只有多个领域交叉影响、共同作用才能带来实质的创新。"团队能高效创新的原因是它能把不同的观念和知识体系整合起来，这是任何个体力量都做不到的。只要团队成员的思维是多样化，团队创造力就会更容易产生。

团队合作的奖励

当团队成员在一起紧密工作时，我们如何识别谁的工作做得好，谁提出的创意质量高，谁应该得到奖金和职位晋升呢？如果团队成员知道不会单独考核个人的业绩，那就存在社会惰怠的危险：一些人可能袖手旁观，而让别人做工作。但是单独奖励个体很容易妨碍团队的合作机制。那么，公司该怎么办？

露丝·威格曼（Ruth Wageman）花了 4 个月研究施乐公司 152 个团队的 800 多名技术服务人员。让 1/3 的团队完成只需一名技术人员就能完成的任务，另外 1/3 的团队完成需要团队一起工作才能完成的更复杂的任务，剩下 1/3 的团队完成需要个体和团队相配合才能完成的工作。然后威格曼采用以下激励机制：管理者反馈员工的工作表现、提高价值报酬、共享利润。事后，有 60 个团队获得团队奖励，55 个团队获得个人奖励，77 个团队同时获得团队和个人两项奖励。

团队奖励增进了团队持续的高绩效，而对于那些独立任务的团队来说，个人奖励同样有效。但是当任务需要团队合作才能完成时，团队奖励会带来更高的工作绩效。与完成独立任务的团队相比，有高度相互依赖性任务的团队（比如篮球队）需要更为频繁的交流、帮助和信息共享。在相互依赖型团队里没有社会惰怠现象，当然，这个结论仅仅来自实验研究中的临时性团队。团队奖励对于相互依赖型团队的效用最大，这些团队形成了团队心流，并做出了巨大的创新。

还记得戈尔公司是如何发明出最畅销的吉他琴弦的吗？是一个叫戴夫·迈尔（Dave Myer）的工程师提出了最初的想法。当我在

CNBC 的一个关于合作的电视节目上见到戈尔公司的 CEO 泰里·凯利（Terry Kelly）时，我开玩笑说戴夫·迈尔得到巨额分红后一定很富有。"不，在戈尔，戴夫没有得到比别人更多的东西。"凯利告诉我，所有成功产品赚得的全部利润在整个组织中都是平均分配的。否则其他人与戈尔的合作将不会持续。没有人会再分享一个想法或者为别人的想法而努力。

在戈尔，你的年度评估是由至少 20 名同事完成的，他们会报告你为帮助其他人做出了多少贡献。其他奖励合作的公司还有罗氏诊断公司（Roche Diagnostics）、杜邦（DuPont）以及玻璃和陶瓷制造商康宁（Corning）。当康宁公司的管理者们决定将哪些科学家提升到精英的"研究员"水平时，他们会计算出这位科学家为支持同事的专利而工作过多少次。

我的研究揭示了合作的创新力量。但是一个多世纪以来，人们一直持相反的观点：团队导致人们沉默不语。19 世纪，法国社会学家古斯塔夫·勒庞（Gustave Le Bon）写了一本很有影响力的关于团队的书，他的论述重点是暴动、暴乱和惊慌。贾尼斯对群体思维的研究提醒我们，合作确实存在消极的一面。

人们不会仅仅因为加入了团队就提高了创造力，团队没这么神奇。提高创造力的前提条件是，团队要与任务的性质相匹配。如果目标是创造力和创新，那么结合本章的学习，我们可以在"团队心流"10 个关键条件的基础上，再补充一些规则：

◎ 可叠加的任务不要让团队去做。可叠加的任务指人们可以独立完成的、属于自己的子任务，然后将子任务进行整合。相反，应该让团队从事复杂的、即兴创作的任务；

◎ 保持最小的团队规模，这将减少社会惰怠和生成受阻；

◎ 任用会议主持人，此人需要了解如何开展头脑风暴法才能取得
最佳效果，并且能够帮助团队避免生成受阻和社会抑制现象的
发生；

◎ 因为复杂的、令人惊喜的成果归功于整个创新团队，所以要有
适当的团队奖励；

◎ 允许团队在工作中有所停顿，因为在团队活动和个体活动之间
可能需要进行持续的切换；

◎ 组建技能互补的团队，充分利用多样性提升团队创新；

◎ 定期更换小组成员；

◎ 关注社交焦虑感低、喜欢团队互动的成员，他们在团队中表现
得更好。

我的最后一条也是最重要的建议就是：不要指望偶尔的头脑风
暴会议会带来创新。在崇尚创新文化、频繁召开头脑风暴会议，并
认为这类会议不可或缺的组织中，头脑风暴法的应用效果才会更好。
在 IDEO 公司，形成了频繁召开头脑风暴会议的企业文化，每人每
年都要参加大量的团队会议，人们在会议上交换隐性知识并拓展这
些知识，与会者所具有的不同知识和项目经验促成了新事物的产生。
团队创造力不应当存在瓶颈，必须广泛存在于整个组织的范围内，
并且天天实践。

读到这里，你也许会认为，合作确实大有帮助，但归根结底个体
是创新的源泉。那么，当人们独处时，能不能表现得更有创造性呢？

我们中的许多人对某著名画家在画室单独作画的故事耳熟能详，比如杰克逊·波洛克（Jackson Pollock），他在乡村谷仓中创作了曼哈顿艺术美景。尽管你已经阅读了前面有关山地车产生于无形合作的论述，不过，你可能还是认为，每一个创意都是由某个单独的个人提出的。例如，"翌日污垢俱乐部"的拉斯·马洪因为在老式自行车上首次安装变速器而得到一举成名。创意真的产生于合作吗？那些"恍然大悟"的时刻和顿悟火花的闪现，为创造力涂上了一层颇具孤独意味的个体行为的色彩。如果真的是这样，那么我们研究合作与创造力就没有多大价值了。

不可否认的是，个体思维在创造过程的核心位置扮演着特殊角色。然而实际上，个体思维的社会性超出我们的想象。在接下来的3章里，我会展示创造性顿悟和团队创造力之间令人吃惊的联系。

GROUP GENIUS
成为创意组织 ——————————————————

1. 头脑风暴团队创造力低下的 3 个原因

- 生成受阻

- 社会抑制

- 社会惰怠

2. 团队心流的补充规则

- 可叠加的工作不要让团队去做

- 保持最小的团队规模

- 任用会议主持人

- 要有适当的团队奖励

- 允许团队在工作中有所停顿

- 组建技能互补的团队

- 定期更换小组成员

- 关注社交焦虑感低、喜欢团队互动的成员

GROUP GENIUS

GROUP GENIUS

THE
CREATIVE
POWER
OF
COLLABORATION

第二部分

合作心智，
个体思维的社会性

05

创造性顿悟与团队合作

创造性顿悟与团队合作之间有什么关联？
如何跳出框架思考？

1926 年 5 月，刘易斯（C. S. Lewis）与托尔金（J. R. R. Tolkien）在牛津大学英语系第一次会面。当时，刘易斯 28 岁，托尔金 34 岁。两人看起来都像是离群的人，部分原因归结于他们的个性：刘易斯一般不会给同事留下什么深刻的印象，而托尔金则正处于和同事的"政治斗争"中。除此之外，这两个人都有写奇幻小说和诗歌的爱好。刘易斯和托尔金与当地的学者刘易斯的哥哥华纳（Warner）、雨果·戴森（Hugo Dyson）、刘易斯的朋友哈佛（R. E. Havard）、欧文·巴菲尔德（Owen Barfield）等人组建了一个读书会，并取名为"吉光片羽"（Inklings）。正如托尔金所描述的，这个名称具有双关语意，表示他们不仅是作家，同时还在追寻"模糊的或半成形的思路和想法"。他们每周二都会在牛津的"老鹰与儿童"酒馆会面，探讨北欧神话与史诗，并高声朗读自己正在创作的作品。

刘易斯和托尔金还有一个共同的另类之处是：当时，大多数牛津学者都是无神论者，而他们却是基督徒。1931 年 9 月 19 日深夜，刘易斯、托尔金与戴森在四方的庭院中，边散步边谈论《圣经》中的故事，一直到凌晨 3 点才结束。托尔金极力主张，虽然耶稣的死亡与复苏被认为是神话故事，但事实上并非如此，这是上帝为了让人们更容易理解历史事件，而有意地用神话形式来展现。这次谈话之后，刘易斯就成为一名基督徒。

"吉光片羽"组建以前，刘易斯曾写过一些寂寂无闻的诗歌；托尔金从 18 岁起就开始写有关精灵与巫师的故事。渐渐地，随着信任的建立，这两个人开始分享彼此的秘密爱好。托尔金把他早期未完成的史诗送给刘易斯阅读，刘易斯对"贝伦和他的侏儒国"与"奥克斯和纳勒格河"两个故事做了详细的评论。"吉光片羽"读书社中的其他成员也开始尝试类似的奇幻小说。对于刘易斯来说，正是他所信仰的基督教引导他探究基督教的神秘本质。

"吉光片羽"读书社每周都要讨论成员构思的作品主题，然后会把讨论中出现的主题写到自己的作品中去，以不同的方式关注共享的观点。如果在讨论过程中出现新想法，成员回到家后会草拟一章捕捉这一想法，在下次会议上，大家轮流大声朗读自己的初稿，并听取他人的批评和建议。依托这个圈子，托尔金创作了《霍比特人》（*The Hobbit*）和有关精灵、巫师、龙与小锞人的神话故事《魔戒》（*The Lord of the Rings*）三部曲。刘易斯则创造了七卷本的《纳尼亚传奇》（*The Chronicles of Narnia*）。如果没有这个创造性的团体，可能就不会有这些作品的诞生，不会有被上百万读者传颂，而且还被搬上大银幕的故事。前三部《纳尼亚传奇》影片收获了超过 15 亿美元的票房，而《魔戒》三部曲总票房近 60 亿美元，并斩获奥斯卡和无数其他奖项。

通常，作家给我们的印象是：特立独行、自我启发。但《魔戒》与《纳尼亚传奇》并不是由孤独的天才独立完成的，它们向我们展现了一个合作的圈子。托尔金与刘易斯也并非是尝试合作力量的唯一作家。艾略特（T. S. Eliot）最著名的诗《荒原》（*The Waste Land*）的编辑工作很大一部分是由埃兹拉·庞德（Ezra Pound）与艾略特的妻子完成的。他们两人逐行删减，还把自己的想法加到新版本中去。最终出版的只有艾略特原诗稿的一半长。你现在持有的这本书是我的文学代理和编辑精心编辑的，它比我原来的初稿短 30% 以上。

即使像写作这样独立性很强的活动也有合作的影子。"吉光片羽"读书社是如何把刘易斯从一个普通的业余诗人转变成著名小说家的？是如何把托尔金的神话创意转化为条理分明的叙述性故事的？艾略特与庞德是如何合作完成了被认为是当今最重要的英国现代主义诗歌的？为了回答这些问题，我们需要进一步了解心理学家对创新过程的研究。

花旗取款机：来自合作的顿悟

1976 年 1 月，约翰·里德在加勒比海的海滩度假。里德是银行界大名鼎鼎的少年天才，不仅因为他年仅 31 岁就被提升为花旗银行历史上最年轻的高级副总裁，而且因为他有一张孩子气的面孔。当首席执行官沃尔特·里斯顿（Walt Wriston）提拔里德时，花旗银行的董事们不相信这个年轻人可以管理好拥有 8 000 名员工、资产达 1 亿美元的部门。1976 年那会儿，海滩上只有很少的业内人士才能认出里德。他曾在银行里一个极其乏味的部门满怀激情地工作，这个部门主要负责用计算机操作"后台"业务，处理银行簿记与顾客记录。他新负责的部门消费者银行业务一直亏损，被认为没有前景。当时的热门业务是投资银行、抵押贷款，以及与公司和外国政府的大额交易。里德大胆预测，消费者银行业务在 10 年之内就会成为花旗银行最大的盈利来源。1970 年，他获得提升后不久，开始与高级总裁们探讨两项未被利用的新技术的发展潜力：自动柜员机与信用卡授权系统。

里德有随身携带笔记本的习惯，即便是在加勒比海海滩上也是如此。1976 年的这一天，瞬间涌起的一种冲动促使他拿出笔记本记下了自己的想法。当我采访他时，他这样描述："当时我正在度假，一开始我就说，'我要坐在海滩上想想业务。'后来写到了 30 页。事实证明，这 30 页后来成为消费者银行业务的设计蓝图。但当时我并不是坐下来说，'我要起草一个设计蓝图。'我只是说，'我要坐在海滩上思考。'我以系统化的方式，对业务的想法进行了归类。"

之后在花旗银行发生的事情富有传奇色彩：里德把那个笔记本带回纽约，并在 1976 年 3 月 9 日写下标题为"来自海滩"的简短备忘录付诸实践。这 30 页笔记成为一种新式银行的蓝图，而这个蓝图是基于一种新技术：街道取款机网络。今天，里德闻名天下，因为他凭借自动取款机和在全美推广信用卡，以及许多其他创新（这些创新如今成为美国消费者日常生活的一部分）推动了现代银行的变革。1977 年，当花旗银行的取款机网络出现时，这项技术领先于纽约的其他银行若干年。到 1981 年，花旗银行在纽约存款总额中所占的份额已经翻倍，其他银行还需要奋斗多年才能跟上它的步伐。

里德的顿悟是在独自一人远离办公室时产生的。这种奇妙的顿悟与合作有什么关联呢？为了找到答案，让我们来仔细地分析里德的顿悟。第一，取款机在彼时几年前就已经由自动化包裹处理公司杜克特尔公司（Docutel）的员工唐·韦策尔（Don Wetzel）发明出来了。第二，花旗银行并非第一家安装取款机的银行：纽约化学银行于 1969 年 9 月 2 日在位于长岛北部村庄大街 10 号的罗克维尔中心分行启用了第一台取款机。第三，花旗银行在 20 世纪 70 年代前期已经搭建了覆盖所有分行的"花旗一号"（Citicard I）机器网络。只是当时这些机器被安装在柜台后面，而且只供出纳员使用。第四，里德关于在全美范围内建立信用卡网络的创意，在 1970 年他被提升之前就已经处于讨论中。所有这些想法都曾在不同时期出现过，每个想法蕴含着不同的人和团体的贡献。里德的创造性顿悟之所以显得如此重要，原因是他将不同想法整合在了一起，即取款机、信用卡、计算机和网络，从而创建了一种全新的银行模式。

心理学家发现，创造性的顿悟总是蕴含在合作过程的 5 个基本阶段之中。

◎ **准备：** 这个阶段包括在一段时期内努力工作、研究问题以及与从事该工作的人交谈。

◎ **中断：** 团队成员改变环境，参加其他活动，比如经常与他人交谈。

◎ **产生灵感：** 在中断阶段，提出解决方案，然而，那个解决方案根植于准备与中断阶段的相关知识与社会交往，建立在他人已经提出的创意之上。

◎ **选择：** "恍然大悟"并不一定就意味着这个主意好。创新性人才要善于为下一步的进展挑选最佳方案，或与他人合作选择最佳方案。

◎ **细化：** 创意的产生尤其需要大量的互补创意。将它们有机整合在一起总是需要社会互动与合作。

如果没有花旗银行整个组织的细化工作，从备忘录上获得的远景可能会变得毫无意义：比如，花旗银行耗资 1.6 亿美元才使自动取款机覆盖整个纽约。信用卡曾经是高端的专业化产品，为使信用卡大众化，花旗银行投入了很多的资金。但是，这笔投资最终获得了盈利，花旗银行在随后的 10 年里主宰着美国的消费者银行业务。可见，里德在 20 世纪 70 年代的大胆预言果然实现了，消费者银行业务会成为盈利来源。那个备忘录确实是里德写的，但是这个预言的实现归功于在 1976 年假期前后的上百人的合作。

哈勃望远镜修复：将顿悟变为现实

1990 年 4 月 24 日，"发现号"（Discovery）航天飞机将哈勃太空望远镜运送到运行轨道上。哈勃太空望远镜比美国国家航空航天局（NASA）的任何一艘宇宙飞船的耗资都要大，甚至超过将人类首次带到月球的阿波罗计划。NASA 决定投资这个项目的原因在于，地球上的每个望远镜都存在一个严重的问题：我们赖以生存的大气中的氧气、氮气与二氧化碳的小分子，会使来自遥远恒星与行星的光线发生偏转，而真空中的望远镜会提供更为清晰的图像。哈勃太空望远镜的中心有一个不足 2.4 米宽的主镜。主镜聚合来自遥远恒星的光，缩小成图像，投射到 0.3 米宽的次镜上，次镜将映像进一步缩小，并将映像通过主镜中心的一个细孔送回。主镜后面是望远镜的控制中心：一个由动力装置、电子器件与光学元件组成的复杂装置。

发送几星期后，这支由 1 200 名成员组成的团队发现他们面临着一个严峻的现实：围绕地球旋转的这个望远镜存在致命缺陷。主镜和次镜是按错误的规格制作的，这真是有点儿荒唐，而且经过多年的检验，竟没有人注意到这一缺陷。6 月 27 日的新闻发布会上，望远镜最强大的支持者，参议员芭芭拉·米库尔斯基（Barbara Mikulski）称它为"技术上的失败之作"。NASA 的前途以及太空探测的前程都面临困境，因为国会不会同意再浪费几十亿美元重做一次。NASA 需要一个创造性的解决方案，为此，科学家与工程师们遵循合作性创造力的 5 个阶段寻求解决方案。

首先是准备阶段。7 月，一组顶尖专家聚集在一起，为解决这一问题做最后的努力。经讨论，他们很快发现这个缺陷的根源是镜头的测试仪器，因此导致抛光机器制造了错误规格的镜子。令人欣慰的是，这个错误是电脑控制造成的，所以是个系统错误。

NASA 的团队提出了各种建议：用机械方法使主镜变形、安装覆盖层达到变形的效果、在望远镜的前端安装一个校正镜、更换次镜。但在选择阶段，团队很快发现这些建议没有一个是有效的，都存在不同的技术问题。

就在这时，波尔航天公司（Ball Aerospace）的光学专家莫克·博特马（Murk Bottema），有了一个顿悟式的灵感：在主镜的小孔后面，也就是在光流中，插入 10 面硬币大小的镜子，并且特意把每面镜子加以变形使之与主镜的扭曲面方向正好相反。通过这种方式，当光线被反射到大镜子边缘的 5 台不同的科学仪器上时，映像就能得到纠正。这次，在选择阶段，团队经过仔细考虑，发现通过安置小镜子来纠正由于制造缺陷带来的反射误差在技术上是可行的。但还有一个重要问题：他们如何将 10 面镜子正确安置在主镜后面呢？装置中央只有一个极小的空闲空间，原来的设计人员从来就没有考虑过这个地方还要容纳人。

团队中的工程师吉姆·克罗克（Jim Crocker）飞往德国参加会议，以期用头脑风暴法解决这个新问题。跟其他专家一样，克罗克频繁地参加会议，甚至单独一个人的时候，也在时刻研究这个难题，为的是尽可能多地搜集信息。一天早晨，克罗克在参加会议前走进宾馆房间的浴室里洗澡。我们知道欧式装置的淋浴喷头都有一个调节杆。由于克罗克身材高大，不得不调节一下淋浴喷头，就在这时，顿悟产生了：他意识到如果在小镜子上安置类似的可折叠的臂状物，借助它可以从光束的侧面把镜子放入，然后再展开。他后来这样说道："我从淋浴喷头联想到了莫克·博特马的镜子。"

但这个故事并没有到此结束，顿悟最终变成现实，只不过还经历了很长阶段的细化工作。纠正设备虽然只是 10 面镜子，但要使之运作起来还需要 5 300 个零件。最终，这一设想获得成功！ 1994 年，在对哈勃太空望远镜进行全面检查时发现，它的性能比预期的还要好。

心理学家知道，准备、选择与细化是有意识的、理性的活动，而且它们总是颇具社会化，因为工作的完成与决策的制定都离不开合作型团队。但顿悟似乎来自个体。毕竟，克罗克是在浴室里产生创意的，而里德也是独自一人在远离曼哈顿的海滩上想出的创意。你可以从数百个具有创造性的故事中尽情选择。新的研究证明：当人们独处时往往会产生想法。在 2015 年的一项研究中，多伦多大学罗特曼管理学院的研究人员发现，在学校放假，学生有更多独处时间的"萧条时期"，众筹平台 Kickstarter 变得更加活跃，有更多创新项目被发布。正如苏珊·凯恩在她的畅销书《内向性格的竞争力》中所言："独处是创造力的关键。"

　　然而，事实显示，即使是获得顿悟这个非常个体化的时刻，也离不开创新合作。2013 年，由帝国理工学院的鲍里斯·马切约夫斯基（Boris Maciejovsky）领导的一个国际研究小组研究了个人在团队中工作和独自完成类似的工作任务时的表现。研究发现，比起没有经历过任何协作的人，在团队中工作的人在单独完成任务时表现得更好，最令人惊讶的是，他们在长达 5 个星期后仍然表现得更好。作者总结道："参与团队决策对个人决策的质量有很强的正向溢出效应。"大脑本身就与合作密不可分，实现创新潜力的关键是了解个体创造力如何与团队创造力相结合。

对格式塔的质疑：经验源于合作

　　20 世纪前半叶，格式塔（Gestalt）心理学家借助顿悟问题研究"恍然大悟"的时刻，因为这些思维难题的解决往往需要瞬间的顿悟。其中一个最著名的问题是一笔四线连九点问题。请你花一两分钟时间努力解答一下该问题。即使你记得自己很久以前曾见到过这个问题，也可能很难想起答案。

　　　　一笔四线连九点问题：
　　　　用四条直线将图中的九点连起来，连线期间笔不能离开纸面。

格式塔心理学家的理论之所以著名，是因为我们不能孤立地理解一些思想与感知，而应该把它们看作一个复杂的整体。格式塔心理学家创造出著名的幻觉视觉图片，这些幻觉包括：弯曲的酒杯瞬间变成两个互相对视的侧脸，一个憔悴的老女人瞬间变成一个年轻女孩。没有人可以同一时刻对同一事物产生两种视觉判断，只不过从一种观察结果向另一种结果的视觉转换是瞬间的。

创造性顿悟似乎涉及类似的瞬间重构。1926 年，德国格式塔心理学家卡尔·邓克（Karl Duncker）发表了首篇研究创造性顿悟的文章。他一开始就批判美国的著名心理学家威廉·詹姆斯（William James）所提出的观点，詹姆斯认为，掌握大量信息并能在信息之间建立联系即可产生瞬间的顿悟。邓克指出，一些问题瞬间被解决，速度之快以至于无法找到可供解释的导致问题解决的联系链条。为了证明他的言论，邓克创造了 20 个具有独创性的难题，声称这些难题都不能用逐步推理来解决。邓克最著名的难题是 X 射线问题：

> 假设你是名医生，你的病人胃里长了恶性肿瘤。你不可能给病人做手术，但是只有肿瘤被摧毁，才能保全病人的性命。有一种可以用来摧毁肿瘤的射线。如果高强度的射线瞬间到达肿瘤，肿瘤就会被摧毁。不幸的是，这个强度下的射线在到达肿瘤过程中，会损坏它所穿过的健康组织。而较低强度的射线虽对健康组织没有损害，但也不会对肿瘤产生任何影响。应当采取什么样的措施保证射线既摧毁掉了肿瘤，又不会影响健康组织呢？

如果你不能解答这个难题，在看了本章结尾的答案后，你也不必感到难为情。参加邓克实验的 42 个被试，只有两个人在得到邓克的提示之后找到了答案。

在解决问题的过程中，邓克让被试大声讨论，以帮助他识别一系列有代表性的阶段。首先，你会想到一个显而易见的答案，但很快你就会意识到这个答案不正确。但这时你的思维已经被固定在那个答案上了，这将阻碍你从其他角度思考这个问题。有时经验也会引导你固着在不正确方向上。然后，突然之间，你克服思维定式，重新表述问题，审视答案，体验到瞬间的顿悟。

固着、沉思、突破。这就是创造力有别于日常思维的证据，创造力是内在的心理事件。邓克极力主张经验无助于问题的解决，比如，里德与克罗克的例子就是这样，经验只会起阻碍作用。

邓克的研究具有启发性，但它不能解释人们的心智到底发生了什么，因此我们无法探究合作所起的作用。这种探究延续到20世纪80年代，有两支科研团队一直采用截然不同的方法来研究创造性顿悟，直到几年前，他们才取得一致的结论。

第一种方法是哥伦比亚大学的心理学家珍妮特·梅特卡夫（Janet Metcalfe）提出来的。珍妮特是元认知论（Metacognition，即人们如何认识认知现象）领域的专家，在1986年和1987年，她发表的几项研究成果似乎可以证实顿悟性的答案的突然性。首先，作为对照，她收集了不需要顿悟的问题：琐事问题、简单的代数问题以及其他可以递推解决的问题。然后，她准备了另外一些需要顿悟的问题，其中包括下面两个问题：

1.假设你是一位园艺师，顾客让你种四棵树。但是顾客要

求每棵树都要与其他三棵树保持同样的距离。你该如何
来做？

2. 找到 10 枚硬币。把这 10 枚硬币分为 5 排排列，每排有
4 枚硬币。你该如何做？

梅特卡夫给 26 名志愿者每人 5 道顿悟问题和 5 道非顿悟问题。
她每隔 15 秒钟按一下计时器，要求参与者在一张专门的纸上标记此
刻自己接近答案的程度。越往左的标记表明他们越冷静，而越往右
的标记表明他们越激动。这张纸上有 40 行，对他们解决问题的 10
分钟来讲是足够用的了。对于代数问题和琐事问题，被试在答案趋向
正确的过程中，感到自己变得越来越激动，但是对于顿悟问题，他们
一直感到冷静，直到瞬间找到问题的答案。这些研究表明，顿悟不同
于普通的、递推性的问题解决，而且持续性合作一直伴随它们。

然而，梅特卡夫的研究遇到一些始料未及的问题，这些问题可
用第二种方法来解释。1981 年，费城天普大学（Temple University）
的心理学家罗伯特·韦斯伯格（Robert Weisberg）与约瑟夫·阿尔巴
（Joseph Alba）首次发表了他们利用现代认知心理学得出的研究成果，
分析了当人们在解决邓克的顿悟问题时，到底发生了什么。韦斯伯格
尤其感兴趣的是格式塔心理学者的一种观点，即人们在解决问题时遇
到困难，是因为他们的思维固着在不正确的解决方案里，或是进行毫
无根据的假设。例如，在一笔四线连九点问题中，人们通常想当然地
认为那些直线必须画在框里面。正如俗语所说，一笔四线连九点问题
的难点在于你无法跳出框架去思考。

格式塔心理学家可能会认为，一旦人们挣脱了思维定式，就

会很快想出答案。在格式塔心理学中，有一个术语称为"重构"（Restructuring），指不依赖过去的经验而用全新的方法观察问题。恰恰相反，韦斯伯格认为人们总可以借助过去的经验解决问题，甚至是顿悟性问题。他相信解决问题所遇到的困难不是因为受到思维定式的影响，而是由于没有足够多的正确的先前经验。也就是说，缺乏跳出框架解决一笔四线连九点问题的经验。多数人有过多次连点游戏的经历，正因为这样，他们才按照从一点到另一点的思维习惯来解决问题。很快，他们就意识到，用这种策略解决一笔四线连九点问题是行不通的，但他们也没有采用其他策略的经验。

韦斯伯格与阿尔巴很想知道，如果人们获得一定暗示之后，也就是如果他们被告知可以跳出正方形的边界之外划线，结果会是怎样。然而，当人们被问题难住的时候，即使研究者给他们暗示，几乎所有人还是一筹莫展。于是，研究者给他们另外的暗示：研究者画出答案中的第一条线，一些人就可以据此找出答案了。当研究者给余下的人画出答案中的第二条线时，所有人都解出了答案。韦斯伯格与阿尔巴得出这样的结论：只知道跳出框架进行思考不足以激发创造性，还必须知道如何跳出框架进行思考。

学会跳出框架去思考的最好方法是什么呢？只给出一些简单的暗示起不了多大作用，被试通常需要知道将近一半的答案时才能解出这个问题。韦斯伯格与阿尔巴决定尝试另外一种方法：他们训练人们跳出三角形框架来连接三角形中的点的能力。果然，经过这样的训练之后，他们在一笔四线连九点问题上的表现就好多了。这些结果让我们想到了合作，因为我们时常在与老师和同事的交往中学会了如何思考。

　　韦斯伯格与阿尔巴的研究指出，只有当人们真的亲自动手解决一个相似的问题，而不是直接被告知答案时，他们才会在随后解决类似问题时更具创造力。玛丽·吉克（Mary Gick）决定与另外两位同事罗伯特·洛克哈特（Robert Lockhart）和玛丽·拉蒙（Mary Lamon）一起来验证这个假设。下面是他们所采用的 15 个顿悟问题中的一个：

　　　　一个住在小城里的男人与同一城镇中的 20 个不同的女人结婚①。这 20 个女人都活着，而且他从未与她们中的任何一个离过婚。但他并未触犯法律。你能解释这是为什么吗？

　　答案是这个人是一个牧师。研究者提出了两种与假设的可能相一致的暗示。第一种是陈述形式，他们首先给被试这样的暗示语：牧师每周都为不止一人主持婚礼，这使他感到快乐。第二种是谜题形式，他们给被试的暗示语是这样的：这个人每周都参加几个人的婚礼，因为这使他感到快乐。几秒钟之后，他们给出"牧师"这个词。在谜题形式的暗示下，参加研究的被试一开始会形成不恰当的观念——这个人自己与其中的每个女人结婚，当得到暗示之后，会进行重构。但在陈述形式的暗示下，参加研究的被试却没有经历思维重构过程，因为他们没有形成不当的观念。

　　提前阅读了陈述形式暗示的被试的表现，不见得比未获得暗示的被试更好，因为他们不能将暗示转换形成新问题。但是接受了谜题形式的暗示，被试表现得更好。这个研究解释了韦斯伯格与阿尔巴的发现，事实上，当你主动解决问题而不是消极地接收信息时，

———————————
① "marry"一词有结婚和主持婚礼的意思。——编者注

你才会用不同的方式存储信息。如果你只有在快餐店里用餐的经历，那么你去任何餐厅都会习惯性的自己就座。但如果你第一次走进的餐厅是一家高级餐厅时，结果就不会如此。下一次当你再走进一家有服务生的餐厅时，之前的受挫经历会马上浮现出来。但如果你只是听一个朋友告诉过你："有一天你会知道，并非所有饭店都像麦当劳那样。"这句话却不会让你留下刻骨铭心的记忆。

一些类似的实验得到的结论与格式塔心理学家关于创造力的观点相左，具体如下：

◎ **过去的经验和毫无根据的假设会阻碍我们的创造力。**相反，韦斯伯格发现，减少错误的假设只不过使问题变得稍微容易些。

◎ **当你摆脱思维定式的束缚时，答案就会快速而轻松地以顿悟形式降临。**这种说法也是不符合事实的。相反，外界的暗示开拓了解决问题的新领域，但是探索这个领域仍然要求专业技术与先前的经验。

◎ **顿悟的产生不依赖于先前的知识。**实际上，接受过相似问题的训练，对解决问题会有很大帮助。

创造力并非去抵制惯例，并非去忘却我们所知道的东西。创造力要以过去的经验和现有观念为基础。最重要的过去经验来自充满合作的社会群体。

顿悟与社会性邂逅

如果顿悟不是瞬间的事，如果它与其他思维类型有同样的形成模式，那么该怎么解释那些惊世骇俗的艺术作品与创意的产生呢？

英国浪漫主义诗人塞缪尔·泰勒·柯勒律治（Samuel Taylor Coleridge）曾说自己经常体验到顿悟。他还讲述过自己是如何创造著名的诗歌《忽必烈汗》的（以第三人称进行写作，在当时是一种非常普遍的写作形式）：

> 1797 年的夏天，当时身体状况极差的作者在一处农庄中休养，那个偏僻的农庄在波洛克与林顿的中间地带。因为身体略有不适，他服用了医生开的止痛药，当时他正在阅读《珀切斯游记》中的这个句子（或同义句）："忽必烈汗下令在这里修建一座宫殿……"，药效使他在椅子上睡着了。醒来后，他发现自己可以清楚地回想起整首诗，于是他拿出笔、墨水和纸，当即迫不及待地写下了流传至今的诗句。

这是个典型的顿悟的例子，有关创造力的书籍会经常讲述类似的故事。问题在于事实并非如此。研究柯勒律治笔记的学者发现，他阅读过大量不同的书籍，而这些书籍为他创作诗歌提供了素材。这些书中的一些短语未加改变地出现在他的诗歌中。人们在柯勒律治的笔记中还发现了这首诗的早期草稿，此外，这些草稿中包含一些有关他的顿悟故事的介绍，这些介绍以不同的方式描述了他的顿悟。

柯勒律治因对梦境的极度入迷而出名，还因编造自己的创作事迹而出名。一首他自称在 1794 年圣诞前夕创作的诗歌，其实花费了他两年的时间。柯勒律治为什么要对自己的诗歌创作过程说谎呢？为什么他的谎言如此符合我们对顿悟性作品的认识呢？如果我们无法相信别人的言论，那么有助于我们理解合作在创造中的作用的唯一方法，就是在顿悟产生的过程中研究它。

1931 年，密歇根大学的心理学家诺曼·迈尔（Norman Maier）再次研究邓克的顿悟问题。为了更好地分析顿悟产生瞬间的思维过程，迈尔决定集中关注其中一道特别的问题。在一个大房间里，有木棒、夹子、钳子、延长绳、桌子和椅子，他在天花板上悬挂了两条垂落至地面的绳子。其中一条紧贴墙壁，另外一条在房间中央，两条绳子的长度使你不能一手拿着其中的一条同时伸出另一只手够到另一条。他要求每名被试想出尽可能多的方法将两条绳子捆绑在一起。被试的第一反应就是手里拿着其中一条绳子走向另外一条绳子，然而他们很快就意识到，这种方法行不通。

10 分钟内，大多数人都想出了三种解决办法：一是将其中一条绳子朝另一条绳子的方向拉伸，拉到不能再伸长的时候，将这条绳子系在家具的一角上，然后去拿第二条绳子，把它拉向这条绳子。二是用所给的延长绳延长其中一条绳子。三是拿着其中一条绳子，借助木棒把另外一条绳子拨到身边。所有人当中，只有 40% 的人想出了第四种解决办法：将房间中央那条绳子的一头系上重物，比如钳子，使绳子像钟摆一样来回摇摆，然后拿起另一条绳子，走向摆动着的第一条绳子，在它摆到可以拿到的时候握住它。

迈尔给了那些在 10 分钟内还没有想到第四种解决办法的剩下 60% 的被试一个不明显的暗示。他起身走到窗边，其间他"偶然地"碰了一下其中一条绳子并使它摆动起来。完成这一动作大约 1 分钟后，又有 40% 的被试产生了瞬间的顿悟式灵感，想出了第四种解决办法。

事后，当迈尔询问他们是如何想出那个钟摆创意的时候，只有一个人说是迈尔的举动提醒了他。其他人都说他们产生了瞬间的顿悟："瞬间的顿悟点化了我。"有一个人对他自己提出这个创意的过程给出了一个令人难以置信的详尽的解释："我想到了游泳过河的情景，我的头脑中还有猴子在树上摇摆的意象，这个意象与解决办法同时产生。"当迈尔具体询问在他走向窗户时，他们是否看到了绳子的摆动，他们都记得他穿过房间，但没有一个人记得自己曾注意到了绳子的摆动。这就是被心理学家们称作"虚构"（Confabulation）现象的一个最好例证，人们在事后毫不费力地就可以为自己的行为做出貌似合理的解释。他们认为自己的顿悟是孤立的行为，但事实上，这个创意的产生离不开一个社会性邂逅。

1996 年，心理学家克里斯汀·申恩（Christian Schunn）与凯文·邓巴（Kevin Dunbar）做了一个类似的实验。在为期两天的实验中，他们让生物科学系的学生进入实验室，并将学生分为两组。第一天分配给第一组学生一个病毒问题，在解决这个难题的过程中，他们了解到病毒由丁受到控制酶的抑制而处于休眠状态。他们又给第二组学生分配了一个不同的问题，与抑制没有关系。第二天，研究者给所有的学生一个基因问题，在这个问题中，学生们需要解释一系列基因如何被控制，答案是基因通过抑制被控制。

你应当不会觉得意外，第一天解答过病毒问题的学生更有可能解决基因问题。这种现象被称作先入为主（Priming），也就是说，先前的刺激物使得与之相关

虚构
Confabulation

虚构是指人们在事后毫不费力地就可以为自己的行为做出貌似合理的解释。他们认为自己的顿悟是孤立的行为，但事实上，创意的产生离不开一个社会性邂逅。

的某一观念和记忆更容易进入人的意识。但你可能没有预料到，第一组中没有一个学生意识到，是病毒问题帮助他们解决了这个基因问题。当他们讲述自己如何解决第二个问题时，8 名被试中只有两人提到了第一个问题。即便是他们被直接询问"你意识到昨天与今天的问题之间的相似性联系了吗？如果有，相似联系是什么？"，被试还是没有意识到昨天的问题为他们解决眼前的问题做了铺垫，这种现象和迈尔在 1931 年的研究中所遇到的现象类似，那些被试学生没有意识到先前的社会性邂逅有助于顿悟的产生。

在梅特卡夫的研究中，就在被试找到答案的 15 秒以前，它们还感到十分冷静。但通常人们所知道的要比他们自认为自己所知道得多。迈尔的被试不记得迈尔曾经碰到绳子，申恩和邓巴的被试也没想到先前的病毒问题。在这两个实验中，被试的顿悟都受到了先前的社会互动因素的启发，只是他们没意识到这种联系罢了。

我们都有点儿像柯勒律治：当我们描述我们的顿悟是如何产生时，往往不能令人信服。结果，"顿悟是意外出现的"这一错误的观点长期存在，因为大多数人都没有认识到，是社交和合作中的偶然性导致了顿悟的出现。

顿悟是如何产生的

上面描述的研究具有开创性，因为它们首次论证了格式塔心理学家关于创造性顿悟的说法是错误的。顿悟与日常思维没有差别，它也是逐步向前推进的，即使我们并没有意识到我们的大脑是如何运作的，我们依然在运用日常的思维过程。即使我们有时感到是顿悟自身意外地到来，但是顿悟的起源还是离不开合作，就像在里德和克罗克的实验研究中所发生的一样。心理学家面临的下一个挑战是进一步深入研究当顿悟产生时，大脑是如何运作的。在现实世界中，顿悟是不可预料的，我们需要一种方法，在实验室中重复创造出可靠的顿悟时刻。

在实验室中重复创造顿悟的最简单的方法是使用"远距离联想测试法"（Remote Associates Test，简称 RAT）。RAT 要求你找出与 3 个测试词组相联系的第 4 个"目标词"。有一半的情况，最终找到目标词的人会说他们体验到一种顿悟的感觉。试着寻找下面五行词组的目标词：

奶酪（cream）………… 滑冰（skate）………… 水（water）

表演（show）………… 生活（life）………… 行（row）

爆竹（cracker）………… 飞翔（fly）………… 战士（fighter）

梦（dream）………… 打破（break）……… 光（light）

追捕（hound）……… 压力（pressure）…… 射击（shot）

RAT 最早出现在 20 世纪 60 年代，由心理学家萨尔诺夫·梅德尼克（Sarnoff Mednick）根据自己的理论提出。他的理论认为，创造性顿悟是在不同思维观念之间建立起不同寻常联系的结果。这些词组的设计具有一定难度：虽然 3 个词中有两个与目标词具有相似关联，但与第 3 个词的关联却完全不同。比如，"消防员"（firefighter）与"鞭炮"（firecracker）都与燃烧有关，但是"萤火虫"（firefly）并不是指着火的昆虫。"血压"（blood pressure）与"充血的"（blood shot）都和身体有关，但"寻血猎犬"（blood hound）却与身体没什么关系。

想要解答 RAT 问题，人们必须从 RAT 群组中，通过寻找词汇之间的关联，把词汇结合在一起。梅德尼克的理论认为，能够较快解答 RAT 问题的人，具有较为复杂的联想能力，能把关联很少的想法联系在一起。

RAT 似乎印证了我们对于顿悟时刻的观点：在一个联想群组中搜寻，会令你受阻；然后你放弃这个思路并开始搜寻记忆中储存的另一群组，顿悟瞬间就产生了。不过，你在解决这个问题时的感受并不是你的思维实际经历的过程。

下面是心理学家肯尼思·鲍尔斯（Kenneth Bowers）与三名同事一起设计的实验，论证了思维总是接近答案，即使在你感觉受阻的时候。鲍尔斯首先选择一个目标词，然后列出一个包含 15 个与这个词有遥远关联的词的列表。例如，与"正方形 / 广场"（square）这个词对应的 15 个词是：时代（times）、英寸（inch）、交易（deal）、角落（corner）、木钉（peg）、头（head）、脚（foot）、跳舞（dance）、人（person）、城镇（town）、数学（math）、四（four）、街区（block）、桌子（table）、盒子（box）。现在，仔细阅读下面的列表，看看能否找出与这 15 个词都相关的那个词。在阅读这个列表的时候，每读完一个词就停顿一下，努力猜测这个目标词，并将猜测的词写在空格处，然后继续阅读。即使你并不确定所写的词是否正确，也要保证在每个空格上都能写上点儿东西：

红色（red）_____

坚果（nut）_____

碗（bowl）_____

织布机（loom）_____

杯子（cup）_____

篮子（basket）_____

果冻（jelly）_____

新鲜的（fresh）_____

鸡尾酒（cocktail）_____

糖果（candy）_____

馅饼（pie）_____

烘焙（baking）_____

沙拉（salad）_____

树（tree）_____

飞行（fly）_____

鲍尔斯发现，被试一般会在读第 10 个词时出现预感，在读第 12 个词时就相当确定自己的答案了。但真正吸引人的研究结果还在后面。鲍尔斯让被试在每个词的后面写下一个猜测词，正如我要求你们做的一样。然后，他设计出一个计算机程序，这个程序可以测量每个猜测词与"结果词"（上面问题的答案）之间的关联度。即使被试不知道自己已经越来越接近答案，他们的猜测也在以一个明显的线性趋势接近答案。无论他们使用了 4 个词还是 5 个词，都渐进地、呈线性趋势逼近答案，直到最终找到答案。人们常说自己的答案是在顿悟的一瞬间产生的，然而研究者们收集到的数据显示：事实并非如此。

如果创造力基于日常思维，如果不存在顿悟的神奇时刻，不存在影响问题解决的神秘的、下意识的深思熟虑，为什么克罗克与里德在工作时需要将所处理的问题搁置一会儿呢？如果创造力离不开合作，为什么他们在远离办公室的时候产生了顿悟呢？类似的故事告诉我们，为了得到一个重要的顿悟，我们需要与问题保持一定的距离。如果创造力具有很强的合作性，为什么间断有助于顿悟产生呢？

想知道这些问题的答案，需要探究在我们创造时，大脑是如何运作的。在下一章，我们将探究心理学家是如何理解日常思维过程对创造力的影响，以及这些过程是多么需要合作。成功的创造者知道如何介入到合作过程中，使得顿悟源源不断地产生。在下一章，你将学到如何利用团队创造将你的顿悟转化为有意义的创新。

答案

◎一笔四线连九点问题：

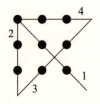

◎ **X 射线问题**：在病人身体周围设置 10 把不同的射线枪，每把射线枪的射线强度为所需射线强度的 1/10。把 10 条射线都对准肿瘤照射，确保那一点所获得的射线强度之和足以摧毁肿瘤组织。

◎ **园艺师问题**：四棵树中有一棵必须种在山上（或在一个深坑里），其他三棵在地面上，这样这四棵树就成为一个锥体上的各个顶点。

◎ **10 枚硬币问题**：用 10 枚硬币组成一个五角星形状；5 枚硬币构成 5 个点，其他 5 枚硬币在五角星的中央构成一个五角形。

◎ **RAT 三个词答案**：冰（ice）、船（boat）、火（fire）、白天（day）、血（blood）。

GROUP GENIUS
成为创意组织

1. 合作过程的 5 个基本阶段
- 准备

- 中断

- 产生灵感

- 选择

- 细化

2. 关于创造力的实验结论
- 过去的经验和毫无根据的假设并不会阻碍创造力。

- 当你摆脱思维定式的束缚时，答案并不会快速而轻松地以顿悟形式降临。

- 顿悟的产生需要依赖先前的知识。

06

长期合作为创意赋予意义

日常合作对个体创造力的影响有多大？
如何利用团队合作将顿悟转化为有意义的创新？

　　塞缪尔·摩尔斯（Samuel F. B. Morse）作为一名肖像画家，取得了令人瞩目的成绩。1829 年，为了提高自己的绘画技巧，他在意大利、瑞士和法国进行了长达 3 年的旅行。1832 年，在回家的途中，他遇到了改变他人生轨迹的一件事。

　　在驶往美国的"萨利号"轮船上，他遇到了来自波士顿的查尔斯·杰克逊（Charles Jackson）博士。杰克逊在谈论一门新科学电磁学的进展，一些乘客听得津津有味。其中一名乘客问道，电在电线中传播速度有多快，杰克逊这样回答："实验证明，不管电线有多长，电流都可以瞬时通过。"这句话给了摩尔斯强烈的震撼。尽管摩尔斯以前没有电学方面的知识，但他曾是一个对机械痴迷的人，而且他立刻联想到用电来传递信息。他回到船舱里，在一个小本上写写画画，开始琢磨自己的电报构想。6 周后，当"萨利号"抵达纽约时，摩尔斯已经筹划着将自己的创意付诸行动了。

　　这个故事似乎是彰显天才创造力的经典案例，一个没有任何经验和专业知识的门外汉听到和其他人一样的信息，忽然间迸发出改变世界的顿悟。摩尔斯对电学领域知之甚少，他也就无从知道他的想法其实有人早已经提出。1753 年 2 月 17 日，《苏格兰杂志》（*Scot's Magazine*）刊登了一封匿名信，第一次提出了电可以用来远距离传递信息，这比摩尔斯遇到杰克逊的时间要早 80 年。这个匿名的创意提到用到 26 条电线对应 26 个字母。1753 年到 1830 年间，人类至少发明过 60 种试验电报机，在这个过程中，遇到的最具挑战性的工作是检测何时电流通过电线，当时的解决方案是采用鼓泡化工和电火花，但是这些机制都很复杂且不可靠。

1820 年，丹麦物理学家汉斯·克里斯蒂安·奥斯特（Hans Christian Oersted）有个重要发现，他发现每当电流通过电线时，就会产生一个磁场。由此催生了第二种创意——电流计，这种方法通过观察电磁针转动来判断电流的流动。同时，这还带来了另一个创意——电磁铁，它是一种可以增强电磁场的线圈。这三个顿悟共同解决了如何检测电线中电流存在的问题，从此，人们告别了鼓泡化工方法。即使诞生了这么多的创意，电报机仍然没有被发明出来，让所有发明者感到困惑的同一个问题是：电线越长，电流信号就变得越弱。即使是 1 公里长的电线，对于信息传输来说也太长了。

在对上述历史全然不知的情况下，摩尔斯在太平洋中部的船舱中有了这个"恍然大悟"的瞬间。摩尔斯回到"萨利号"的船舱中，想到用一阵阵长短电流传输信号。他提出利用这些电流传递数字 0 到 9，如果要传递文字，操作员需要借助一本代码表，其中四个数字位对应一个字。就在摩尔斯和杰克逊坐船回家的路上，他们一起研究这个问题，并想出一种将电信号记录在纸上的方法——（不连续的电流通过电磁铁）电磁铁前端与铅笔相连，电磁铁铅笔移动时在纸带上划下波状线。

摩尔斯回到家后不久，开始了他的电报研究，不过他也遭遇了同样的问题：信号在电线中随距离增加而逐渐衰减。4 年后的 1836 年，摩尔斯仍然一筹莫展。然而，他不知道，多年前当他在欧洲学习绘画时，已经有人着手解决这个问题了。1830 年，美国物理学家约瑟夫·亨利（Joseph Henry）发现，如果用很多串联的小电池代替一个大电池，再辅以合适的电磁铁，将能够保持信号强度。亨利并不研究电报，对他来说，这只是一个纯粹的科学发现。第一套实用的电报系统是由摩尔斯远在大西洋彼岸的竞争者英国人威廉·福瑟吉尔·库克（William Fothergill Cooke）和查尔斯·惠斯通（Charles Wheatstone）制造的，这是因为惠斯通十分了解亨利的科学发现。

1836 年，摩尔斯在研究中步履维艰，过着节衣缩食的窘迫生活。为了维持研究费用，他不得不在纽约大学教授文学。在那儿，他遇到了化学教授莱昂纳德·盖尔（Leonard Gale），这人碰巧与亨利交情很深。盖尔根据亨利的发现帮助摩尔斯重新设计了电池和电磁铁。经过几年的合作和交流，摩尔斯掌握了全面的电学知识，而且与投资人阿尔弗雷德·韦尔（Alfred Vail）成了合作伙伴。他们否定了最初的数字编码设想，转而采用一种新的编码系统，每个字母都由各自的点和划组合来表示。摩尔斯和韦尔通过计算排字机盒中每个字母的出现频率，发明了这种编码系统。在这种编码方式下，字母出现的频率越高，电码组合越简单。例如：使用一个单独的点就可敲出字母"E"。

即使有了这些重要的发现，又过了 8 年，摩尔斯才搭建了从华盛顿到巴尔的摩的第一条可工作的电报线。1844 年，第一条电报信息从美国最高法院传送给身处巴尔的摩的韦尔，信息内容是："上帝创造了何等奇迹！"（What Hath God Wrought）。尽管如此，几乎所有人都认为这只不过是个巧妙的新事物，因为当时政府和军队早已广泛使用了信号塔网络进行远程传输，所以他们对此兴趣不大。经历了初期的缓慢发展，新电报在随后终于得到了蓬勃发展。两年内，3 200多公里的电线得以建立。1850年，已经长达19 000多公里。1852年，《科学美国人》（Scientific American）写道："没有哪项现代发明能像电报那样快速普及并发挥其影响力。"1861年10月，第一个洲际电报使得驿马快信永远地退出了商业舞台。

摩尔斯并不是突然间发明了电报，他的成功也不是靠灵机一动实现的。他在1844年使用的电报线是众人多年创意的结晶。在每个阶段，摩尔斯和其他人（杰克逊、盖尔、韦尔）一起工作，相互借鉴他人的专业知识，共同推动发明链条中的下一环节。摩尔斯通过12年的辛勤工作逐个解决了技术上的难题，从而取得了成功，在此过程中，小创意接连不断地出现，最终实现了最初的设想。不容忽视的是，此过程中很多新想法最终弃而未用，例如，摩尔斯最初的四位编码法。

像摩尔斯一样，创造者在彼此合作和交流之前，通常不知道哪一个灵感火花是重要的，在后来的合作过程中，他们的这些创意才会被赋予意义。在爵士弗雷迪进行即兴演出的场景中，当第一个演员坐下，同时辅以强光效果时，并没什么创意，只有其他两个演员与他配合表演时，这项高风险的团队活动才运作起来。相似地，迈尔的被试并没有意识到是实验者的干预帮助他们破解了双绳问题。所有伟大的发明都来自一系列细小的创意，第一个创意并不一定是最好的，但是多亏有了合作，各种原始想法在不断碰撞下，迸发出新的思维火花，或者以另一种方式重新诠释原来的创意。合作使得细小的思想火花汇聚在一起，带来了突破性的创新。

进化论：一系列长期合作的结果

摩尔斯的故事是商业创新的一个例子，同样的创新过程也发生在艺术和科学领域。作家不是坐在键盘前就能写出小说的，而是通过一点一滴的积累，最终将这些零星创意组合在一起。小说家安妮·拉莫特（Anne Lamott）是个典范：无论走到哪里，都会带着她的索引卡片，她认为在任何时候都可能发现点点滴滴、有用的对话、人物特征和事件。

科学领域亦是如此。在 19 世纪，对大自然进行研究是属于富有绅士的一种时尚，因为那个时代的浪漫主义观点是：我们可以在自然中找到上帝，体验自然可以陶冶个人情操。达尔文在年轻的时候非常痴迷于地质学，他猎鸟并制作成标本装裱起来，收集甲虫，细致地研究花朵的解剖结构。从剑桥毕业时，他放弃了原来要成为牧师的计划，立志成为一名科学家。

"贝格尔号"的船长邀请达尔文加入他们的航海队来绘制南美海岸线地图，这对想成为科学家的达尔文来说真是天赐良机。1831 年12 月他们出发，并于 1836 年 10 月回到英国的法尔茅斯。在航行过程中，达尔文给他的同事寄过很多信，并且做了上千页的科学笔记。但是这些信件和笔记大部分都是关于地质学的，与后来的进化论并没有任何关系。

但是达尔文在地质学上的发现使得他想到一个问题：如果地球

的地质是不断变化的，那么动物是否也跟着变化呢？这个问题激发了他去研究生物的演变。几年中，达尔文都在思考这个问题，1842年，他提出进化论的第一个纲要：自然选择。自"贝格尔号"起航13年后，也就是1844年，达尔文写下了关于进化论的论文，但是这次他并没有与同事们分享，而是束之高阁，并告诉妻子论文存在何处，等他死后再发表。然后，他转而研究藤壶，自1846年到1854年，他一共写了4本关于藤壶的书。

可以看出，达尔文的理论与他做过的详细笔记息息相关，现在这些笔记依然完好地保存在剑桥大学，包括6本皮革笔记本，每本大约10厘米×15厘米大小，125页，正反面都写满了。从他的这些笔记本中，我们可以窥见合作在进化论的诞生中起到的重要作用。

达尔文的创作过程与摩尔斯有着惊人的相似之处。摩尔斯用了12年，达尔文用了13年。摩尔斯采用了很多人的想法，达尔文同样如此。1830年，达尔文所在的剑桥大学的教授查尔斯·莱尔（Charles Lyell）已经向科学界证实《圣经》中关于宇宙的形成过程并不是事实。可见，自然选择学说并不是达尔文独创的，莱尔已经阐述了对进化论有重要启示的自然选择问题。托马斯·马尔萨斯（Thomas Malthus）在《人口论》（*Essay on Population*）中论述了，所有的生物，包括人类，产生的后代都存在适者生存现象。

但莱尔和马尔萨斯认为自然选择是一种保护性的力量，通过战争、捕猎和疾病淘汰不适应自然的繁衍体，只有同质的、更优质的后代得以幸存。达尔文将这种思想加以转化并赋予了新的含义，用来解决他在"贝格尔号"上的推想：如果地质处于不断变化中，有机体也应该同样处于变化之中。他认识到如果有机体的繁殖量超出了生存保有量的极限、繁衍的每个后代都有细微的变异并且自然界处于缓慢变化中，那么，随着时间的演化自然选择就会导致物种变异。这个理论第一次将自然选择看作演化力量而非保护性力量，这一理论是一系列长期合作的结果。

成功的创新者从失败中学习

像摩尔斯和达尔文这样成功的创新者，并不是靠幸运或一个偶然的创意而获得成功的，他们留心积累很多细小的思想火花，并经历长期的合作过程，最终这些小火花汇聚成了不起的发明。很多想法在当初也许被认为离题万里，但是事实证明，那些当初不太被看好的想法对难得的伟大创意的产生是非常必要的。安妮·拉莫特大多数的索引卡片可能从来没派上用场。摩尔斯最初的编码方法从未被采用，这种编码仅能传输数字 0 到 9，传输单词要使用一本专门的代码表，查阅每个单词的数字编码，这种方法实际操作起来烦琐不堪。后来韦尔和摩尔斯一起提出了一种更好的编码方式，也就是今天著名的"摩尔斯电码"。

摩尔斯最初检测信号的想法是用一支铅笔，通过电磁铁带动铅笔移动在纸带上画出弯曲的线。后来，他和韦尔用钢笔代替铅笔，并且在卷动过程中，通过时而接触时而抬离纸带，在纸带上画出一行行的点（·）和划（－）。但是这个系统后来证明也不是最完美的，因为当电报兴起后不久，第一批操作员很快地学会了根据钢笔划痕的声音辨别点和划，而不必麻烦地盯着纸带了。

库克和惠斯通超越摩尔斯的部分原因是：摩尔斯浪费了5年的时间研究荒诞而复杂的信息传递机制。他的基本思想是：有一片顶部带有尖齿的薄金属片，尖齿之间的空隙或长或短。当金属片在仪器中转动，带动曲柄移动时，因尖齿所在位置的不同而产生长短不一的电流脉冲。

如果说这些荒唐的想法算是可以理解的错误的话，那么摩尔斯还有一些想法简直是疯狂的计划。1817年，他发明了一种水泵，引起当地消防部门的兴趣，但最终以失败告终。1823年开始，他花费了几年时间研究大理石切割机，来制造著名雕刻品的复制品，他的计划是公开销售这些复制品，这一次也没有成功。他在欧洲的3年中，在一张15厘米×23厘米的帆布上临摹了38幅悬挂在卢浮宫的油画的缩微图，他计划在美国展示这些作品并且赚取入场费。当他在航行中遇到杰克逊时，他未完成的绘画还卷放在他的行李中呢。

也许人们会认为摩尔斯只不过是凭运气成功的怪人，而达尔文才是一位了不起的科学家，因为他具有专一的研究兴趣，但事实并非如此。像摩尔斯一样，达尔文也设想颇广，达尔文的笔记本中记录了他所遭遇的很多死胡同，以及现在很多科学家都认为很怪异的想法，比如：

◎ **单细胞理论（The Theory of Monads）**。达尔文发明了单词"monad"，来描述从无生命物质中自然出现的假想的微型生命形态。他用了几年的时间来研究单细胞理论，后来修订了这一理论，认为能产生其他物种的物种才能生存下来，这两个观点都是错误的。

◎ **泛生论（Pangenesis）**。该理论包括达尔文所说的神秘微粒
"芽球"（Gemmules），尽管也被证明是错误的，但是这一
创意与达尔文的表弟弗朗西斯·高尔顿（Francis Galton）
及其遗传学生物计量（Biometric）方法，影响了新的统计
科学。泛生论错误的思想火花激发高尔顿提出了很多正确的
观点。

◎ **杂交（Hybridization）**。达尔文花了很长时间研究现在看来非常
荒谬的理论，认为新物种起源于杂交。被誉为现代遗传学之父
的格雷戈尔·孟德尔（Gregor Mendel）也长时间研究过这个
理论。

成功的创新者总是从自身的失败中学习，即使达尔文的失败创
意也成为后来创造链上的关键环节。单细胞理论是错误的，但是它
促成了达尔文的分支进化模型。达尔文在杂交研究上无所成就，但
是研究的副效应是他学会了人工选择，后来他认识到"人工选择"
是带有人为干扰因素的自然选择。达尔文在思考进化论的好多年前，
就形成了关于珊瑚礁形成的理论。当达尔文领会了诸多关键性的创
意后，才恰到好处地把这些创意整合起来。

还记得戈尔公司的戴夫·迈尔是如何发明出极为成功的吉他琴弦
的吗？这也不是一路平坦的，相反都是死胡同。迈尔的第一个想法
是开发一种新的、改良的控制电缆，用于像迪士尼主题公园的大型
动画木偶。为了做实验，他向邻居借了一些旧吉他弦。虽然木偶电
缆的想法最终变成了死胡同，但是如果没有这个失败的想法，迈尔
就不会想到吉他弦。

皮克斯特别擅长从失败中创造出新东西。《机器人总动员》和

《海底总动员》的导演安德鲁·斯坦顿（Andrew Stanton）说："我们想要尽快犯错，不然我们会搞砸的。"皮克斯第一部电影《玩具总动员》的灵感就来自那些没有成功的想法：

◎ 皮克斯想要《特种部队》，但是孩之宝公司拒绝授权给这个角色，可以授权蛋头先生；

◎ 在一份早期的剧本草稿中，胡迪和巴斯光年在芭比带领的突击行动中被救出。不幸的是，美泰公司不会授权；

◎ 皮克斯最初将比利·克里斯托（Billy Crystal）作为巴斯光年的配音演员。但当他不在时，导演约翰·拉塞特转向蒂姆·艾伦（Tim Allen）。在第一次阅读时，皮克斯团队的成员们立刻意识到，他们为巴斯光年写的台词根本不适合艾伦的声音。他们不得不重写整个剧本并且给巴斯光年换了一种性格。

成功创新者的新创意层出不穷。他们知道这些想法中的大部分都是不实用的，但他们能很迅速地抛弃那些无用的创意，一如既往地追求那些能引起合作者共鸣的弥足珍贵的新奇创意。如果摩尔斯被困在他的雕刻机器中不能自拔，或者达尔文被困在"芽球"研究中，也许今天他们就不会如此著名了。他们没有陷在其中，这些不成熟的想法激发出了新的、改变世界的创意。

历史测量法：创造力的纵向研究

摩尔斯和达尔文也许属于特例，大部分创造者的研究目的比较专一。近期兴起的创造力科学的一个分支——历史测量法（Historiometry）试图证实这一点。加州大学戴维斯分校的教授迪安·基斯·西蒙顿

（Dean Keith Simonton）提出了这种方法，他构建了一个杰出历史创造者的数据库，其中包括牛顿、列夫·托尔斯泰、达·芬奇和贝多芬等人。之后他汇总了创造者生平中的每一件具有创造性的产品以及创作年龄。西蒙顿的数据库为创新的起源研究提供了非常有价值的切入点。

　　利用这些数据，我们现在可以发现在各个创造性领域中，大部分人的产出并不太多。例如，10% 的科学家创作了 50% 的科技论文。图 6-1 显示了西蒙顿数据库的分析是正确的。图中横轴代表每一个科学家一生中发表的论文总数量，纵轴表示发表这些论文的科学家人数。左边的峰值表明多数科学家一生中仅仅发表过一篇文章，而右边的长长的平坦的线表明仅有少数科学家发表了 10 篇以上的文章。西蒙顿为每个创造性领域都制作了这样的图——从科学到艺术绘画再到诗歌，得出了几乎相同形状的图。

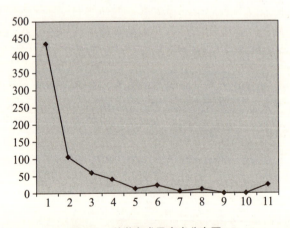

图 6-1　科学家成果产出分布图

　　根据这个图，我们得出这样的结论，即创造性的科学家多数是低产的。毕竟，当人们长期关注一个专一的研究领域时，更可能产生优秀的创意。在右边的科学家好像过于分散自己的精力，这样，分配给每篇文章的精力都很少。但是西蒙顿的数据库显示，个人产出的绝对数量，即提出的原始创意的数量，与其所取得的最终创新数量存在正相关关系。在图中，右边的是那些最具创造力的科学家，达尔文就在其中。此外，对任何一个创造者来说，最具有创造性的产品通常在他最多产的时候出现。真是不可思议，进展缓慢的专一研究者反而创造力低。

西蒙顿的统计研究成果是对更为细致的传记研究的重要补充，它表明达尔文和摩尔斯是典型非例外的创造者。达尔文创意颇丰，但只有一个是真正的好创意；摩尔斯的那些近乎疯狂的创意也最终夭折；伽利略坚信行星做圆形运动，从而与彗星失之交臂；牛顿花了很多时间在炼金术上，但与占星术、命理学一样，它们都是不正确的理论；爱因斯坦因为过于坚信确定性的统一场理论的存在，而忽视了哥本哈根学派提出的量子力学理论。

多个领域的创新实例充分地证实了"高产出带来高创造"的论断。诺贝尔化学奖得主莱纳斯·鲍林（Linus Pauling）说过这么一句著名的话："不断有学生问我如何获得新思想，我的回答简单易懂。首先，要有很多想法；其次，舍弃那些不好的想法。"另一位诺贝尔化学奖得主哈罗德·克罗托爵士（Sir Harold Kroto）说："我 9/10 的实验都是失败的，而这在科学界已经是相当不

历史测量法
Historiometry

历史测量法是一种使用资料搜集、统计等技术，对事物进行测量的研究方法，也是创造力研究的主要方法之一，弥补了实验法、心理测量法等传统研究方法在对创造力进行纵向研究时的缺陷。

错的成绩了。"英特尔的信息技术战略与技术总监玛丽·墨菲 – 霍伊（Mary Murphy-Hoye）透露："如果我们的失败次数低于成功次数的 10 倍，那就意味着我们承担的风险还不够多。"美国产品开发与管理协会（Product Development and Management Association，简称 PDMA）的一项调查发现，每 10 个项目创意中，只有 3 个能进入开发阶段，其中只有 2 个可以启用，仅有一个是成功的。

著名的意大利产品设计师阿尔贝托·阿莱西（Alberto Alessi）说，一旦公司的主要产品在一年内一次都没有失败过，他就会感到忐忑不安。阿莱西坦言，一个著名的失败案例是时髦的阿尔多·罗西圆锥壶（Aldo Rossi Conical Kettle），把它坐在火炉上看上去时髦极了，但是没有人愿意用它，因为当水烧开时，壶的把手会变得炙热，以至于无法将壶拎起来。为此，阿莱西创立了公司内部的博物馆，专门展示公司失败的产品，每周的职工大会都在这里召开，让员工牢记这些失败的案例。尽管经历了多次失败，但是这家公司获得了成功，公司有将近 1 000 名员工，年销售额超过 1.3 亿美元。

创造力的语言逻辑

抽出一部分时间不去想当前的工作，将有助于顿悟火花的迸发。有时候，当你走出办公室，离开你的同事，就像约翰·里德在海滩上写备忘录，以及吉姆·克罗克在淋浴时获得望远镜洞察。一些新的软件工具可以提供帮助。团队协作软件 Basecamp 提供了一个"打盹儿按钮"，可以在一段时间内屏蔽所有传入的消息。提高会议效率的应用程序 Do.com 会每天和每周生成关于在会议、独自工作中花费的时间的报告。现在我们知道独处只有在长期的合作过程中才能发挥作用。小的火花如何相互碰撞，如何利用长期的合作激发它们的产生呢？心理学家在研究"各个创意是如何承前启后而得以发展"这一课题上已经取得了长足的进展。这种新研究揭示了合作如何将不同个体的思想火花衔接起来，当然这些思想火花也可能发生在单个创造者身上。这项研究集中关注创造力的核心，即四个日常的心智过程：概念迁移、概念组合、概念精化、概念创新。

概念迁移

爱迪生最初所发明的灯泡插座仅仅是带有两条电线的木制洞，灯泡需要竖直地插入，否则就会从中脱落。爱迪生的实验室团队努力寻找一种更好地将灯泡固定在插座中的方法，因为他们的第一批装置要用在航海舰船上。今天的螺口灯泡起源于爱迪生实验室的一个助手看到爱迪生用松脂洗手时，拧开松脂罐上的金属盖子，这激发了他的顿悟，想出了拧入式灯座。

约翰·菲奇（James Fitch）制作了第一艘商业汽船，1787 年 8 月 22 日在费城的制宪会议上演示过。这是个相当了不起的想法，但它曾经有一个在今天看来疯狂的、不可思议的设计方案：在没有浆轮和螺旋桨的情况下，靠 6 支橹来推动，这些橹悬挂在与船身等长的特殊梁木上，位于旅行者头顶上方。到 1790 年的夏天，菲奇开始经营最早的旅行者服务——沿特拉华河以每小时 12 公里的速度从费城到特伦顿，历程 60 公里，耗时 90 分钟。它靠 12 支橹推动，每边 6 支，当游客们眺望乡村时，他们会看到那些橹在周围摇摆。菲奇是从划艇的类比中获得灵感的，这一类比起初很有用，但它也阻碍了菲奇去探索其他可选项，直到 1809 年，罗伯特·富尔顿（Robert

Fulton）发明第一艘由后桨轮推动的蒸汽机船，并申请了专利。

那些被后人接受或取而代之的新想法通常来自概念迁移，也叫类比思维（Analogical Thinking）。心理学家玛丽·吉克（Mary L. Gick）和基思·哈利沃克（Keith J. Holyoak）因研究类比思维而小有名气。1980 年，为了研究邓克的 X 射线问题，他们给被试一个类似的故事，以测试他们是否能将这种方法"迁移"到 X 射线问题上：

> 有一个堡垒坐落在国家的中心，向外辐射出许多条道路。一名将军要带领他的军队占领这个堡垒，同时要提防路上的地雷摧毁他的军队和附近的村庄。因此，整个军队不可以沿一条路抵达堡垒。然而，攻陷堡垒需要整个军队的力量，靠一小支部队是无法完成的。因此，将军将他的部队分为几个小组，把他们安置于不同的路上，组织各个小组同时向堡垒进攻。用这种方式，军队占领了这个堡垒。

如果你已经查看了第 5 章 X 射线问题的答案，就会发现它们的相似之处。研究者首先给被试这个故事，然后提出 X 射线问题，并告诉他们借用堡垒问题的解决方法解决 X 射线问题。10 个人中有 7 个人立刻得到了答案，当研究者告诉另外 3 个人重新思考一下堡垒故事后，他们也找到了答案。相反，没有听过堡垒故事的人没有一个能解决 X 射线问题。在被试思考问题的过程中，吉克和哈利沃克让他们对着麦克风大声地说出自己的想法，随后对录音带进行分析，发现方案的获得是渐进的，而不是突发奇想。

另外一个 15 人的小组也听了这个故事，但是研究者没有告诉他们借用这个故事（的方法）解决 X 射线问题。这次仅有 3 个人想到了解决办法，而且这 3 人中仅有一人注意到了它与堡垒问题的相似之处。要形成创造力，只知道要进行正确的类比是远远不够的，关键的一步包括察觉到正确的类比。韦斯伯格和阿尔巴研究的一笔四线连九点问题表明，在相似问题上的训练更有可能激发顿悟，堡垒问题和 X 射线问题的研究让我们更深刻地理解了如何培训创造力。要想具有创造力，需要尽可能多地去挖掘潜在的类似之处。每当遇到一个问题时，还必须尽可能多地采用不同的类比。

概念组合

很多成功产品的创造来自概念组合。康贝零食公司（Combo snacks）的产品包括切达奶酪和蝴蝶脆饼，里斯糖果公司（Reese's candies）的产品包括花生黄油和巧克力。你可以像产品设计师一样组合任何概念，下面我来证明给你看。

首先从 1 到 10 中挑选一个数字，然后从 1 到 10 中再挑选第二个数字。下面用这两个数字来做一个实验。在下面的表中有两列单词，用你所选的两个数字中的第一个对应 A 列中的一个单词，第二个数字对应 B 列中的一个单词，然后将这两个单词放在一起创造一个新事物，例如：如果两个单词都来自第一行，你的事物就是"煎饼船"（pancake boat）。想象一下你的新事物是什么样的，以及它的功能与用处，也许一个"煎饼船"是一个扁平的船，侧剖面非常低，以至于它可以渡过很低的桥，或者它可能是一种新型餐馆，为你在港湾旅游时提供早餐。

	A	B
1	煎饼（pancake）	船（boat）
2	蛇（snake）	书（book）
3	城市（city）	晚餐（dinner）
4	橡皮（rubber）	军队（army）
5	火箭（rocket）	海绵（sponge）
6	地下室（basement）	水果（fruit）
7	肥皂（sofa）	闪光灯（flashlight）
8	计算机（computer）	狗（dog）
9	小马（pony）	盒子（box）
10	石头（stone）	纸（paper）

现在调换两个单词的顺序，使 B 列的单词在先，成为"船煎饼"（boat pancake），注意这个组合跟刚才的完全不是一回事。例如，一个船型煎饼可能是将煎饼折叠成船型来容纳更多的糖浆。

即使你的宗旨不是创造新概念，而仅仅为了理解你从未听过的概念组合，在这个过程中你已表现出了创造性。在实验中，借助以上的方法构造新事物，你的组合事物可能具有一些 A 列和 B 列中的单词都不具有的属性。选择第 4 行的两个单词，组成"橡皮军队"（rubber army），它可能成为男孩子喜欢的玩具，但是当人们单独听到"军队"或"橡皮"这个词语时，并不能想到"受欢迎的玩具"。因此，组合带来了自发出现的新属性，这些属性是每一个基本概念所不具备的。借用名词组合来形成事物自发出现的新属性，这种方法往往使人们表现出难以置信的创造力。心理学家詹姆斯·汉普顿（James Hampton）要求人们去想象 9 个不同的新概念组合，例如"一件家具也是一种水果"和"一只鸟也是一种厨具"，可以产生 170 种特性，平均起来，每对概念有 19 种特性。"一件家具也是一种水果"

的新属性包括"自我再生"和"缓慢生长"。"一只鸟也是一种厨具"的新属性包括"有锯齿的喙"和"强硬的颌骨"。

爱德华·维什涅夫斯基（Edward Wisniewski）和代德·金特纳（Dedre Gentner）使用这些配对的类型，但是将它们进行了有趣的改变：在他们使用的词语中有些词语具有相似性，有些词语差异很大。他们以一些重要的性质为标准对所有名词进行配对，例如"人工的"与"自然的"事物相对；可数名词与不可数名词相对。然后他们给被试一些性质不同的概念配对和一些性质相同的概念配对。例如，一个"小马椅子"包括一个自然概念和一个人工概念，都是可数名词；"蛇纸"中的两个概念在每个方面性质都是不同的：一个是自然的，另一个是人工的；一个是可数名词，另一个是物质名词。他们有一个新奇的发现：两个概念差距越大，越有可能产生真正有创意的点子。

组1：可数名词		组2：不可数名词		组3：可数名词	
自然的	人工的	自然的	人工的	自然的	人工的
雾	盒子	泥土	糖果	大象	书
驼鹿	椅子	铜	巧克力	鱼	汽车
知更鸟	平底锅	沙子	玻璃	小马	钟
臭鼬	耙子	石头	纸	蛇	梯子
老虎	花瓶	糖	塑料	松鼠	铅笔

了解以上的原理，将有助于我们理解大脑是如何表征概念的。每个概念都是按属性和属性值两个特征存储于大脑中，例如，"汤匙"有很多属性和属性值，"形状：长而细；功能：盛液体；大小：大的或小的；材料：木制的或金属的"。对于许多概念而言，属性之间是

相互影响的，大部分人都会认为木制的汤匙是大个的，而金属的汤匙是小巧的。

概念组合的最简单形式是将两个概念连接在一起。一个概念的属性如果不能和另一个概念的兼容，就会被舍弃。宠物鲨鱼不可能会像其他宠物一样，是"温暖的而且令人想拥抱的"。对两个不能兼容的属性，你不得不择其一。宠物"生活在室内环境中"，而鲨鱼"生活在海洋里"，并且宠物鲨鱼可以仅仅生活在一个地方。当把概念进行组合时，你会选择一个与新概念的所有其他属性最兼容的那一个。如果你认为"小马椅子"是一个毛皮的、可爱的椅子而不是活的，那么你就会做出具有这样属性的椅子。

第二种概念组合的形式是属性映射（Property Mapping），仅仅抽出概念中的一个属性，将它植入第二个概念中，如果你认为"小马椅子"是一种棕白相间的椅子时，你就是把"小马"的属性值——棕白相间的颜色，植入到了椅子的颜色属性中。

第三种较为复杂的组合形式是通过一种关系把两种概念进行组合。在设计"书箱"时，你可能会联想到容纳，"箱子"是一种容器，而书是被容纳的对象。如果你认为"小马椅子"是一种小马坐进去的椅子，或者是当你照看小马时坐入的椅子，你就会做出具有这些属性的椅子。

但是最具创造力的组合来自第四个过程——结构映射（Structure Mapping），即根据一个概念的复杂性结构来重构第二个概念。结构映射又分为两种：内部结构映射和外部结构映射。如果你的小马椅子是一把形似小马的椅子，这是内部概念映射，你利用了小马的内部结构并把它应用到了椅子上。如果你认为小马椅子是一种小型椅子时，那是外部结构映射。你想到的不是体积小于小马的椅子，而是比其他类型的椅子要小的椅子，因为小马在马种中要小于其他马。

两个概念之间越相似，越容易采用组合属性和属性值的简单策略。这是产生了里斯糖果的创新策略——将两种零食组合。两个相差很大的概念需要较为复杂的策略，例如属性映射或结构映射，这些策略可能会引发非常新颖的创新组合。如果将土豆片和杂志两个概念组合会出现什么情况？真是难以想象！也许就是品客印章薯片——一种印有有趣故事、小问题以及笑话的薯片。

概念精化

除了 X 光问题的概念迁移，以及带来了小马座椅的概念组合之外，第三种能不断地将顿悟火花组合起来的基本认知过程是概念精化（Conceptual Elaboration）——从一个已存在的概念开始，修改它以创造出新的东西。

美国制作小苏打的第一人是一个叫约翰·德怀特（John Dwight）的农民和他的姐夫，一个叫奥斯丁·丘奇（Austin Church）的物理学家。1846 年，他们在德怀特家的厨房里手工制成了这种产品，并包入纸袋中销售。因为产品非常成功，1867 年，丘奇的儿子詹姆斯·丘奇（James Church）也加入了这项业务中，并将产品重新命名为"艾禾美小苏打"（Arm & Hammer Baking Soda）。今天，艾禾美成为美国产品史上最古老，也是最为人熟悉的一个标志。

但是到 1970 年，丘奇和德怀特公司（Church & Dwight Company）遇到了麻烦。人们要么购买盒装现成材料，要么根本不再做烘焙，因此已经不再需要小苏打了。小苏打放在厨房的架子上没人用，于是有些人开始把它们放进冰箱，却意外发现有除臭功能，并广为传播。公司做了一些研究，发现这种说法并不是信口开河，它确实有用！丘奇和德怀特公司决定推广小苏打的祛除异味功能。1972 年，他们在电视上进行广告宣传：在冰箱中放置艾禾美小苏打"可以保持食物新鲜"。一年后，美国一半以上的冰箱都放置了一个装有小苏打的敞开的盒子。现在，丘奇和德怀特公司已经将这种产品添加到除臭剂、牙膏、猫砂和洗涤剂中。

艾禾美小苏打在概念精化方面不断取得成功。概念精化最简单的一种方式是保持其他属性不变的前提下，修改某种属性的值。流行歌曲总是在已有歌曲的基础上进行小的改变；建筑师建造新建筑是在已有的建筑设计上稍加改动；厨师的新菜谱也是已有美食的新变种。1972 年，丘奇和德怀特公司改变了他们产品的一种关键属性，即"功能属性"，而其他属性保持不变。这种迸发的顿悟是罕见的，这比创造一种新的鸡肉意大利面更困难，因为小苏打的功能属性是一种核心属性，核心属性一般是难以改变的。心理学家托马斯·沃德（Thomas Ward）通过要求人们想象、绘制和描述可能存在于其他星球上的动物，展示上述现象。人们会对动物的一些核心属性做出预期假设：他们可能有眼睛、耳朵、腿以及其他的一些对称的东西。正如在人们的脑子里木制汤匙一定是大个的那样，一些属性是紧密联系在一起的：有羽毛的动物一定有翅膀，有鳞的动物一定有鳍。当然，在另一星球上，所有这些事物可能会有所不同，但是沃德的被试通常不会这样想。他们修改的属性值都是可预见的：两个以上的眼睛、眼睛处于不同的位置、还有四肢上的变化，例如腿的末端是轮子。

进行一些细微的概念精化不能带来太大的创造性，例如，改变腿或者眼睛的数量。丘奇和德怀特所做的事情听起来简单，但是小苏打的功能属性——用于烘焙，可能是人们永远也不会想到可以被改变的属性。为了更具有创造力，你应该勇敢挑战事物所有的属性和属性值。

一个流行的创造力技术是形态分析（Morphological Analysis），它经常是由一个合作团队来完成的，但是你也可以尝试单独来完成它。想象一个你可能提出创新发明的产品范畴，例如一个棋盘游戏（见表 6-1）。然后，将这个范畴分成尽可能多的属性。不要在这个列表中遗漏任何东西，即使是最明显的、默认的属性也要放入其中。一旦完成这些，团队开始给出每个属性可能存在的属性值，在头脑风暴过程中，要求团队成员跳出框架进行思考，提出疯狂的、看似难以置信的属性值。最后一步是评估和选择：考虑一个属性值组合，抛弃那些已经存在的或者没有用的。然后开始认真地讨论余下的组合。

表 6-1   **形态分析例子**

新的发明范畴：棋盘游戏		
属性 1：主题	属性 2：观众	属性 3：素材
食物	高年级学生	隐形墨水
家庭团圆	夫妻	尼龙
欢笑	大学生	弹跳球
最好的／最坏的	罗斯安	海绵橡胶
流言蜚语	雅皮士	滑翔机
性与摇滚	青少年	美纹纸胶带

概念创新

我们刚刚讨论的 3 个心智过程——概念迁移、概念组合和概念精化都是建立在已有的概念基础上的。但是提出一个全新的概念不是更具有创造性吗？天才与普通人的区别是不是因为他们具有某种特殊才能，可以创造出全新的概念呢？

不是的，他们并没有这种特殊才能。心理学家利用能将思想火花汇聚一起的第四种认知过程，向我们证明了每个人都能创造出新概念。例如，即使生活在灾难多发区的人也很少有制定好疏散列表以备随时离开。但有趣的是：在新奥尔良的"卡特里娜"飓风灾难中，很多人能很快制定出一个列表清单，包括他们疏散时所需要带的东西：铺盖、食物、重要文件、贵重物品和宠物，当然最重要的是家人。心理学家拉里·巴萨卢（Larry Barsalou）称这些为"即兴概念"（Ad Hoc Concept），因为它是自发产生的。其他一些即兴概念包括节食时不能吃的东西、美妙的生日礼物、野营时需要带的东西以及撞开门的重物等。巴萨卢的实验表明每个人都能很快地创造新概念。这里有一个巴萨卢研究这种平常创造性能力的故事：

> 罗伊现在处于困境中，黑社会组织因为罗伊出卖了他们而要铲除他。罗伊知道他不能再生活在拉斯维加斯了，否则就会在一周内被杀害。因此他开始思考备选方案。

即兴概念的范畴就是寻找逃避黑社会追杀的方法。包括"改变身份并隐居到南美山区"等一些条目。巴萨卢的发现让人吃惊，一旦你有了一个即兴思考的范畴，你会很擅长思考它，就像你日常熟悉的范畴一样容易，诸如鸟和家具。例如，他发现即兴范畴像一般范畴一样，有一个"分级的结构"，意思是不仅可以很快地辨别出一个新条目是不是属于某个范畴，而且可以很快判断它在这个范畴里的优劣。对于"疏散时随身携带的物品"这一自组范畴来说，"孩子"和"食物"比"贵重物品"更重要。野营时，在所需要带的东西中，帐篷比折叠椅更重要，尽管它们都非常有用。我们都能很快地创造出这样的即兴概念，一瞬间，任何人都可以创建新的概念结构去组织目标。

创造力的视觉表象

我所讨论的四种创造力类型的例子都是命题逻辑或语言逻辑。自 1970 年，心理学家已经知道我们的头脑有另一种根深蒂固的思考模式：空间的或者视觉的。头脑风暴法研究发现，视觉模式比词语或概念更具创造性。当我们组合实物时，我们禁不住用令人惊奇而且意想不到的新属性来创造新事物。

想象一个球体、一个圆柱体和一个扁平的正方形。然后从 0 到 8 中挑选一个数字，从下面的发明的范畴列表中找到你选的那个数字以及相对应的产品范畴。你的任务是将球体、圆柱和扁平的正方形组合起来，发明出一种在这个范畴内的新事物。组合可以采取任何形式，尺寸不限，材质不限。闭上你的眼睛，给你两分钟的时间，想出这一发明物的名字，并进行功能描述。

发明的范畴

1. 家具

2. 个人物品

3. 运输工具

4. 科学仪器

5. 家电

6. 工具和器皿

7. 武器

8. 玩具和游戏

你刚才所做的是创造力研究者罗纳德·芬克（Ronald Finke）在得克萨斯州农工大学（Texas A&M University）要求数百名大学生所做的事情。芬克随机地从图 6-2 的发明练习中挑选出 3 个简单的部件给这些学生。他让裁判对每个学生的发明独立评分，令人惊奇的是，这些裁判的评价结果发现，超过 1/3 的学生的发明既实用又具独创性。

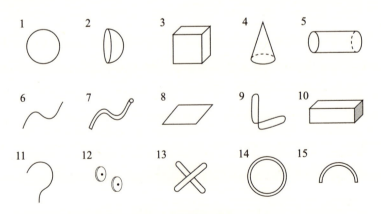

图 6-2　发明练习图

注：给自己 1 分钟的时间，用 3 种形状制作出一种有趣且实用的物体。

这些学生提出新创意的过程更有趣了！在刚开始时，他们对自己要创作什么全然不知。但是当他们着手进行实验，将这些部件以不同的方式拼凑起来时，却创造出让创造者自己以及实验设计者芬克都感到不可思议和惊奇的事物。

在看图片之前，研究者先宣布 3 项发明，他们认为对每一个人来说，这 3 项发明是最容易创造出来的，更确切地说，通常被试用不到 15% 的时间就能提出这样的创意。被试闭上眼睛开始想象之前，研究者要求被试预测自己将创造出的 3 类发明，结果，他们预测的要比在即兴模式下实际工作所得到的发明少 19%，也就是说比芬克手上实际得到的发明要少。这说明，视觉表象是一种强有力的创造力技能，新的组合会突然地、不可预料地冒出来。

第二个实验是从 1 到 15 挑选三个数字并记录下来。然后在图 6-2 中挑选这三个数字所对应的图形。现在，给自己 1 分钟的时间把这些图形组合起来，形成一个有趣的、可能有用的物体。你可以用任何方式组合这些任意大小的图形，可以把一个图形套在另一个里面，可以以任何材料制作这些图形。唯一不能做的就是改变这种图形的形状（除了电线和试管，你可以任意弯曲或伸展它们之外），而且你挑出的三个图形在你的设计中必须全部被用到。

当你完成这些后，从 1 到 8 中任意选择一个数字，然后在发明范畴表中，找到这个数字对应的发明物所属的范畴，然后根据发明范畴解释第一步所得到的新设计，思考时间为 1 分钟。

我们知道，当事先不知道范畴时，很难将创新归纳到哪个范畴中。芬克的被试中仅有一半的人想出一种有趣并可能有用的物体。

他们中仅有 1/3 的人能够完成第二步，即在一个领域中解释他们的创造。换句话说，仅有 1/6 的人可以完成两步。但是在裁判对这些发明进行独立评价时发现，在第二步任务中才确定自己发明范畴的被试可能比在第一次任务中就明确了自己的发明范畴的被试具有更高的创造力。在第一次任务中明确了发明所属范畴的被试中仅有 1/3 具有创造力，而在第二次任务中才完成范畴确定任务的被试中，有 50% 的人所提出的发明被评为具有创造性。这意味着当你事先不知道你的发明所属的范畴时，你更有创造力。

芬克又重新做了这个实验，这次他不给学生 3 种图形和一个范畴，而是让他们选择 15 个图形中的任何 3 个图形以及他们想要的任意一种范畴。你也许认为降低限制条件可能会提高学生的创造力，但是恰恰相反，这降低了学生的创造力。有很多选择时，学生太容易在一开始就固定在一个想法上，并且仅仅挑选与他们头脑中已有的概念最接近的图形和范畴。而在前面的实验中，最初的任务具有更多的限制条件，这迫使他们不经计划就进行创造，因此可能会产生意外的顿悟。

这些实验从另一个角度证明了问题发现模式的创造性力量。在芬克的第 3 个实验中，实验任务是要求人们使用一种问题解决模式：他们快速决定想要发明的东西，然后花一部分时间来选择可以让他们完成这项工作的 3 个图形。但是在前两个实验中，尤其是未设定范畴的那个实验中，被试除了主动发现问题之外，别无选择。

人们时常忽视问题发现型创新，因为当发明创造结束时，创新看上去似乎比实际上更容易预测。这也是剧本思维（见第 2 章）的一个例子。在芬克的实验中，他设计了比较极端的问题发现型情景，即被试在设计发明之后才被告知发明范畴，对于他们所属的范畴领域，这些新发明似乎是原创的。对大多数创造性发明而言，研究者都会做出此类反应，尽管他们知道情况未必是这样。在问题发现型创新中，剧本思维已是司空见惯的现象，人们总是先发明，再按心愿进行冠名。

关于创造性思维的研究表明，勤奋工作、有效合作以及熟知一个领域使你更具创造力。当你掌握了某个创造性领域的更多信息时，思维从一个问题中游离出来一段时间可能有助你产生更多的顿悟火花，因为它会促使你的思维畅游到其他概念空间中，察觉到更具潜力的类比点。当你在研究中死盯着一个问题时，你的思维范畴只局限在一个聚类中，打不开其他的思路。有时，你需要停下来歇一歇，拓宽你的思维，以便创造机会获得合适的类比。但是，如果没有找到那些类比点，没有亲自去思考问题，你也不可能解决那些问题。创造力研究中牢不可破的一个发现就是十年法则（Ten-Year Rule）：要获得伟大创新至少需要 10 年的辛勤工作和实践。

合作可以使思维更具有创造力，因为和别人一起工作可以给你新的、意想不到的概念。这种情况下，你才可能苦心钻研最有创造力的概念，将相差甚远的概念进行组合，通过修改它们的核心特征，精化概念，进而创建新概念。不少创意可能是低质的，而长期合作是挑选优秀创意的最好方法。尽管一个顿悟火花是渺小的，但是通过合作，人们可以以小聚大，最终产生突破性创新。摩尔斯想到了点和虚线的创意，并将它们用于传送 4 位数字码，但是，只有在和韦尔合作的过程中，他才想到了根据点和划的区别来传送字母。莱尔和马尔萨斯提出了"自然选择"这一观点，但是达尔文摒弃了他们的自然选择是保护性力量的解释，提出了新观点，即自然选择过程可以驱动新物种的进化。合作将联系甚远的概念组合起来，使每个人更具有创造性。并且最重要的是，团队创造产生的成果比单个人独自思考的成果更优秀。

既然我们理解了个人思维和长期合作之间的关系，我们现在转而分析对话是如何促进团队创造力的。

GROUP GENIUS
成为创意组织 ————————————————

如何衔接思想火花

1. 概念迁移

要想具有创造力，需要尽可能多地去挖掘潜在的类比，并尽可能多地采用不同的类比。

2. 概念组合

第一种形式试讲两个概念连接在一起；第二种形式是属性映射；第三种形式是通过一种关系把两种概念进行组合；第四种形式是结构映射，即根据一个概念的复杂性结构来重构第二个概念。

3. 概念精化

从一个已存在的概念开始，修改它以创造出新的东西。

4. 概念创新

创造一个新的概念结构。

07

交谈促进团队创造力

对话是如何促进团队创造力的？
语言的索引性和模糊性有什么作用？

　　实验室会议是一种通过集思广益、加速创新的组织形式。在科研例会上，科学家或者博士后汇报最新的实验发现。实验室团队的其他成员就这些发现进行提问，并提出新实验的建议。在很多会议结束时，实验团队已共同形成了一个关键的顿悟。心理学家凯文·邓巴用摄像机对生物实验室进行录像，让科学家想到哪里说到哪里，以此观察他们。

　　在一次对话中，一名博士后描述了他所进行的关于 B 细胞导致自我免疫系统疾病的实验，他用和其他细胞类比的方法解释其中的细节。接着，他报告了出人意料的结果：在心脏和关节处可以同时找到心脏的 B 细胞和骨关节的 B 细胞。通常 B 细胞是特定组织的专有细胞，因此入侵的细胞要渗入心脏和关节是非常困难的。实验室每个工作人员都知道，兔子身体里的 Convulxin B 细胞和 Colmenia B 细胞只能存在于身体的相应部位。以此推理，大家都认为不同类型的 B 细胞仅能在身体相应的部位被找到，但是这种推理是一种误导。

　　当实验室主任询问细胞是如何同时进入人体的心脏和关节时，博士后无言以对；主任继续问哪些共同属性可能使得两类 B 细胞能同时进入人类的心脏，对此，博士后把其他研究共同机制的实验拿来类比，并做了回答。在自由讨论阶段，小组成员对这个意外的发现给予了他们认为可能的解释。

突然间，他们产生了集体顿悟，意识到可能存在着两个相互分离的特殊属性：一个允许细胞进入器官，另一个则会导致疾病。在随后的讨论中，这一研究小组同时研究了两个独立的可类比的项目，一个实验项目研究兔子的两类疾病，另一个研究项目则分析人类自我免疫疾病。在接下来的讨论中，团队把以上两个本来独立的项目放在一起研究，从多个角度把兔子的两种疾病和人类自我免疫疾病进行了类比。通过这种方式，大家对研究方法恍然大悟：当研究人类的诸多免疫疾病时，如果应用类比的方法会得到意想不到的、意义深远的启示。于是，他们进行了更为激烈的头脑风暴会议，通过更多的类比提供了新的实验方案。

此类合作对话加速了创新过程，因为顿悟火花在讨论过程中随时迸发。在之后的 9 个月中，邓巴 4 次询问那位博士后关于这个新发现的创造过程。由于我们对这个会谈的过程一清二楚，所以博士后的回答丝毫不令我们吃惊。他回答说，自己想不起来那个自发的类比以及顿悟是如何在团队交谈中冒出来的。我们常常会记不起我们的想法从何而来，但是从邓巴和其他研究者的观察记录中可以清楚地看出，合作型团队是创新的孵化器。

这个现象在一个世纪以前还不太明显。当时，虽然达尔文的想法是建立在许多其他科学家的基础之上，摩尔斯也是依赖与盖尔、韦尔以及其他人的合作，但是因为没有电话、电子邮件和飞机航行，创新的步伐其实是非常缓慢的。如今，广为普及的跨边界交流和社会网络赋予我们前所未有的超强创造潜能。利用团队创造力科学，我们有信心最大限度地实现自身的创造潜能。

交谈中的多样性与类比

在第 6 章中，我们知道类比方法通常会带来创造性顿悟，但是类比不仅仅是一种思维过程，在我们每天的对话里合作性的类比随处可见。历年来，工商界试图创建特殊的对话模式来提高合作的能力，其中最著名的要数威廉·戈登（William J. Gordon）发明的综摄法（Synectics），这是一种用于培养合作型类比的团队创造技术。这一方法已经用在许多大型公司，包括可口可乐、雀巢和百胜餐饮。戈登的方法如此有效的要诀是：这种方法使得人们组成团队，通过交谈激发新的类比。

一个综摄小组试图发明一种液体分配器，用以分配诸如胶水和指甲油这样的黏状液体，因为这些东西暴露在空气中很快会凝固。他们的一个限制条件是分配器不能有封盖，在倒液体时开口处必须是开放的，而且用完后开口处要紧紧地合起来，以防止液体凝固。同时分配器的开口处还应保持清洁，确保它不会被阻塞。为此，他们展开了以下讨论：

A：蛤蜊会把它的颈部伸到壳外面，然后把颈部缩回去并
　关闭外壳。
B：是的，但是蛤蜊的壳仅仅是外骨骼，而蛤蜊这种能力
　的机理是在壳的内部。

C：这有什么大不了的？

A：嗯，蛤蜊的颈部不能自我清理……它只能靠外壳的
保护。

D：有没有与我们的问题更相似的其他类比？

E：人类的嘴？

B：它如何倒出东西？

E：吐出……当要吐东西时，嘴就会推动它……哦，哦，它
好像不能彻底自我清理……吐出物有时会滴在下巴上。

A：能不能有一种嘴被训练得不会滴漏呢？

E：可能有，大概是魔鬼的嘴……如果人类的嘴不能通过
神经系统的反馈自我清理的话……

D：我小时候在农场生活。我常常坐在两匹马后面赶着车
拉干草……当一只马想要排泄粪便的时候，它的屁股
外侧口……我猜想你们会认为那也是一种"口"，它会
张开。然后肛门括约肌扩大，马屎就会掉下来。然后，
任何东西都会被清理干净。这个过程多么干净利落！

E：如果马腹泻了呢？

D：如果吃了过多的粮食，可能就会那样……但是在肛
门口向身体内部回缩的时候，肛门会缓缓地收缩几
次……收缩的过程就会清理掉那些残留物……在整个
事情结束之后，外口就会重新关上。

B：你在描述一个可塑性的动作。

D：我认为……我们或许可以模仿马的屁股设计一下。

这个突发的创意成功了，因为它将各种类比聚集起来，那个讨
论小组随后制作了一种很像马屁股的分配器。

类比对团队创造来说至关重要，当参与者积极与大家分享自己

的多样化经历时，创新更多，这是邓巴研究了 4 个科学实验室后得出的结论。在这 4 个实验室中，有一个团队没有使用类比法，结果没能产生重要的创新。邓巴进一步研究了这个团队，发现这个团队的成员都具有相同的教育背景，共同的专业语言使得他们可以直接交流；因为对每个词的理解都是相同的，他们之间的交谈总是直接的、清晰的，也就不必对发现的问题进行重新解释，因此，也就没有机会通过类比进行创新。而且当实验出现问题时，他们都准确地知道自己应该做什么。但是真正的创新不会在这样的环境下发生，因为团队缺乏知识的多样化，在交谈中做不到类比。

在另外三个小组，科学家具有不同的知识背景，由于概念表达上的差异，他们不得不使用类比开发新的概念组合。戈登在他的综摄小组中也发现了类似的情况——当人们的知识背景不同时，总是有更好的想法产生。这些发现进一步证明了团队心流和头脑风暴法研究中得到的结论：团队的同质性过强将不利于创新。

集成合作与突破性创新

即使形成类比的思维活动也是深度合作：交谈是形成思维概念的源泉。心理学家阿特·马尔克曼（Art Markman）在非常有趣的一系列实验中证明了这一点。在实验室中，他将被试两两分组，要求他们使用必需的 52 块积木，参照一张完整产品的图片，建造乐高太空船。规则是：两个人中一个人只能动积木，另一个人只能看图片。要完成这个太空船，他们必须不断地进行交流。完成之后，每个人要把积木归类分组，并贴上标签。被试创造性地对积木进行了分类，例如横木（细长的积木）、瓷砖（扁平的积木）和棱镜（一个古怪的三角形的积木）。他们还根据积木在模型中的功能进行分类，例如，"火箭"型积木是在太空船的尾部。

之后，马尔克曼换了一组人，进行了不同的实验。这次他要求每个人单独活动并独自完成模型，完成后再要求他们对积木进行分类。结果，这次被试仅仅根据颜色将积木进行分类。在这个实验中，第一组的分类比第二组独立工作者的分类更丰富、更复杂。甚至你用来形成你自己想法的范畴和概念，都是通过合作产生的。

即使是用很自我的概念进行思考，这种看起来最为独立的创造活动也源于合作。薇拉·约翰-斯坦纳（Vera John-Steiner）是新墨西哥大学的一位创造力研究者，她在《创造性合作》（*Creative Collaboration*）一书中分析了很多成功的合作案例。她引用了女权主义文学批评家凯丽·卡普兰（Carey Kaplan）和艾伦·罗斯（Ellen C. Rose）在合著过程中的感受：

> 我们的思想发生碰撞，我们尽可能地达到了一种无拘无束的、创造性的、慷慨的互惠……在合作中，我们如此清楚地感觉到"她"和"我"已经交融为一体，成为"我们"，即使这种模糊的状态难以道明……我们第一次知道，一起坐在电脑前来写作，比单独一个人要好得多。

著名的人类学家埃莉诺·奥克斯（Elinor Ochs）和班比·席费林（Bambi Schieffelin）合作了一辈子。他们经常讨论，一起做笔记：

> 我们那里有打字机，并且能够在写作中随时交谈……我们没有将论文按部分分配给这个人或那个人，而是共同讨论每一

个句子……我们一起思考下一步要说什么，然后……相互解释。

克劳德·莫奈（Clande Monet）讲述了印象派艺术家们组成的一个著名的创造圈子，成员有：阿尔弗莱德·西斯莱（Alfred Sisley）、奥古斯特·雷诺阿（Auguste Renoir）、保罗·塞尚（Paul Cézanne）、埃德加·德加（Edgar Degas）和卡米耶·毕沙罗（Camille Pissarro），他们在早期失意的时候都互相鼓励：

> 你的思想总是处于紧张状态，你真诚地激发别人的顿悟，客观地分析，同时别人也激发你的顿悟。你沉浸在一种热情中，因此你能连续数周不知疲倦地工作，直到最终将头脑中的想法完全表达出来。你会一直讨论，直到你的思维有了新的进展、对目标有了更新的理解、思路更加清晰之后才回家。

这些画家不仅抽出时间一起泡在咖啡馆里聊天，还常常一起到乡下去。在 1869 年的夏天，雷诺阿和莫奈总是在一起作画，他们将画布挨着放置，密切关注对方的绘画，并且就所作的画进行讨论。当你仔细观察这两幅画时，你才能分辨出各自的作者是谁，因为这些画的风格非常相似，以至于无法一眼就能分辨出来。两位画家事后都回想不起究竟是谁的顿悟导致了创新。

画家和诗人的社交圈总是相互交叉：在 20 世纪早期的巴黎，诗人纪尧姆·阿波利奈尔（Guillaume Apollinaire）是"毕加索帮"的一名成员，毕加索的传记作家这样写道："他们的意象是如此相似，使我们感觉好像画家和诗人具有相同的想象力。"1907 年，阿波利奈尔将毕加索引荐给画家乔治·布拉克（Georges Braque）。这两位画家当时的作品都受到塞尚的影响。"几乎每天晚上我都去布拉克的工作室，要么就是他来找我，"毕加索在谈到他们的合作时这样说，"我们每个人都需要了解今天对方做了什么，并相互评价对方的工作。"在亲密合作的那段时期，他们相互在对方的画布背面签上自己的名字，这说明在创造性的合作过程中，画家的个人身份已不再那么重要。斯坦纳把这叫作集成合作（Integrative Collaboration），通过深入的亲密合作产生出共同愿景。他发现，这种亲密的合作最有可能产生突破性的创新，在合作中越能多角度地看待问题，就越可能创造出全新的作品。

交谈中的顿悟

这些故事激发我开始通过倾听普通人的交谈来进行创造力研究。我将这些即兴谈话进行录像，然后用交互分析法分析，我曾将这种方法也用在即兴剧场研究中。我的这项研究以及世界各地的学者的相关研究，共同清晰地展现了创造力是如何产生于合作性交谈的。罗纳德·卡特（Ronald Carter）是英国诺丁汉大学的一名语言学教授，也是世界最大的交谈录音项目之一"CANCODE"的领导者，在他搜集的500万字的关于交谈的数据库中，关于创造力的例子不胜枚举。下面是卡特抓录的三个艺术学院学生的一段闲聊。

（玛丽戴着一副快要脱落的耳环。）
玛　丽：看我的耳环。
贝　丝：哦，真漂亮，真的很漂亮！
玛　丽：但是有点儿坏了。

贝　丝：这样看起来真的很漂亮。我非常喜欢这样，它
　　　　原先是直的吗？

玛　丽：是的。

贝　丝：可能那样会更好看。

玛　丽：这只稍好一些，另一只摇晃得快断了。

贝　丝：那一只本来系在哪儿？

玛　丽：靠上一点儿的地方。

斯泰西：晃动耳环。

贝　丝：是啊！

玛　丽：（笑）

贝　丝：我喜欢它那样子，看起来很漂亮。

玛　丽：哦，我想到了，想到了。彩色玻璃。那儿有……
　　　　我去过手工艺术品交易市场，在布里斯托尔。
　　　　那儿有一些彩色玻璃的货摊，挂满了用彩色玻
　　　　璃制作的会晃动的工艺品。

斯泰西：哦，太棒了。

　　斯泰西开玩笑地说出"晃动耳环"，一个将耳饰和晃动相结合的概念组合，可能指一种从屋顶垂下来的艺术雕饰，可以随风摆动。同时，她在用"晃动"（mobile）这个词的时候使用了双关语：可以作为名词"处于运动的物体"，也可以作为形容词"可动的"（意思是能来回晃动）。这就像"煎饼船"，不同的是，"煎饼船"是一群人提出的创意。

　　在交谈过程中，这些女性并不是在刻意追求创造性的语句以此给对方留下深刻的印象，她们只不过想通过这种"调侃"来增进彼此的友谊。说到"晃动耳环"这个创造性概念，玛丽峰回路转，谈

到她在工艺品市场看到过别人利用彩色玻璃制造可动工艺品。她捕捉了"晃动耳环"这一概念，加以引申，将谈话引向新的方向，更进一步地丰富了她们的共享经验。

自1990年以来，我们一直在研究合作型团队，我发现只要我们敞开心扉，交谈都具有惊人的创新性。这里有一段一家软件公司的管理者特蕾莎和一名界面设计师托尼之间的交谈。托尼认为若要将界面设计得更加友好，就必须更改软件。但是他不能确定如何改变，而且也没有职权要求员工更改软件。在与同事们一起即兴交谈的过程中，他想出了一个出乎意料的创造性解决方法。

> 托　尼：特蕾莎，有时间过来一下吗？
>
> 特蕾莎：当然可以，稍等一下。
>
> 特蕾莎：什么事？
>
> 托　尼：有个问题，有些文件需要放在网络服务器上，还有一些需要放在视频服务器上。放在网络上的是这些（在白板上书写），放在视频服务器上的是那些。
>
> 特蕾莎：它们通常是放在一个服务器上的啊。
>
> 托　尼：是啊，但是应当怎样做才能使用户使用起来更方便呢？只有这些放在这个服务器上（点击），那些放在另一个上（点击）。
>
> 特蕾莎：但是即使在这里（点击），你也可能需要这些类型的文件。
>
> 托　尼：嗯，出于技术考虑，在这个问题上，我们不得不给出这个列表（点击），或者把GIF和HTML文件分离开来。

（片刻的停顿，他们两个人都看着白板）

托　尼：这是我看到的问题：文件夹的名字必须不同，而且你需要为不同类型的说明文件建立一个单独的文件，防止同名导致的文件覆盖。

特蕾莎：我们需要用户给这个说明文件命名，然后让吉姆给这些名字编码。德温（转向德芬），依你看，是用一个文件夹方便还是分开的更方便呢？

德　温：分开的。

特蕾莎：（看着托尼，指向德温）那么，这也是你的回答啦。

托　尼：好吧，这就是文件夹（指着白板）。

特蕾莎：index.html 文件是你的 Java 脚本吗？

托　尼：不是啊。

特蕾莎：明白了！一开始就建立两个！这样就可以创建两个文件夹了。

托　尼：其中一个用来下载开始目录，另一个用来下载索引目录？

特蕾莎：你可能不想建立索引，毕竟那是默认说明。

托　尼：把它放在这里让人感到心烦意乱。

特蕾莎：问题是如果你附加太多的说明……（片刻的停顿）我开始怀疑我是否理解了主要的问题所在。

托　尼：这里有许多需要讨论的命名问题和（文件）覆盖问题。

特蕾莎：那让我们讨论一下命名问题吧。把说明文件的名字作为文件夹的标题，以减少同名覆盖现象。

托　尼：还需要使上传文件变得容易些。所以，不仅仅需要创建 15 个文件夹……（在白板上画着）。

特蕾莎：如何查看不同类型的说明文件……（她在托尼的

图上添加东西）

托　尼：好的，所以需要把文件和相应的图标建立超
　　　　链接！

特蕾莎：棒极了！然后德温在这儿点击用户（点击），吉
　　　　姆进行编码，为说明文件命名。

托　尼：太酷了！

　　这段对话引发了创新，因为托尼和特蕾莎运用了"是的，而且"
法则，这是优秀的即兴团队的一贯作风——先接受对方的建议，然
后再锦上添花。此后采访他们时，他们说在这次交谈中他们体验到
了团队心流。因为托尼和特蕾莎都没有带着成见展开讨论，而且交
谈中都没有试图去驾驭讨论的思路。

　　在商业中，对话式的洞察力一直存在。今天的机器人外科手
术系统就是一个很好的例子。如今，达·芬奇机器人手术系统（Da
Vinci Surgical System）每年被用于 3 000 多个手术室和几十万台手
术中。在腹腔镜手术中，外科医生会操作一个机器人，这个机器人
有三四只手臂，可以拿着手术刀、剪刀或一个微型摄像头来观察病
人体内深处的手术小切口。在发明机器人系统之前，外科医生和外
科助手必须持有相机和其他工具，而轻微的手颤总是会引起问题。
机器人手术系统的想法来源于计算机运动的创始人王友伦（Yulun
Wang）和外科医生罗恩·拉蒂莫（Ron Lattimer）的对话。像其他机
器人公司一样，王友伦曾经试图专注于军事和汽车产业，但是这些
行业在 20 世纪 90 年代初出现了滑坡。当时，医疗保健是少数几个
呈现增长势头的行业之一，所以王友伦决定去找医生谈一谈，以了
解情况。

在他们的交谈中，拉蒂莫告诉王友伦关于腹腔手术的问题，王友伦注意到，如果让机器人拿着观察镜和照相机，可以解决外科手术的助手无法避免的手部颤动问题。"如果我能直接控制照相机，做起手术来比现在要好得多。"拉蒂莫说道。之后王友伦说："那是个刻骨铭心的时刻，那一刻'伊索'（AESOP）的创意第一次迸发出来。"

拉蒂莫不可能独自想到这个创意，因为他对机器人技术不熟悉；王友伦也不能独自进行创新，因为他对外科手术知之甚少。但是他们一起交谈后，设计出了改善无数病人医疗护理的工具。

当今许多最具创造力的产品都来自合作性的交谈。这里有一个关于艺术家们如何通过故事脚本会来创作动画片《武士杰克》（Samurai Jack）的剧本的例子。会议由《德克斯特的实验室》（Dexter's Laboratory）的创造者格恩迪·塔塔科夫斯基（Genndy Tartakovsky）主持，他也是 2012 年动画电影《精灵旅社》（Hotel Transylvania）的导演。安迪有一个故事新创意，并分享给了团队，让大家展开想象进行创新。与会者大约有 10 个人，除了安迪和塔塔科夫斯基之外，我们简单地用"艺术家"来称呼其他人：

> 艺术家：我们将要创作讨论过的那个故事，当杰克感染了病毒后，病毒扩散到整个胳膊，并渐渐地向全身蔓延。然后，他大半部分身体疼痛不堪，但他要战胜自己。
>
> 塔塔科夫斯基：如何把故事情节继续下去呢？
>
> 艺术家：他是不是需要打败阿酷（Aku），阿酷得了重感冒，并朝着杰克打喷嚏。
>
> 塔塔科夫斯基：（点头）看起来戏的结尾卷入了一场斗争。依我看，这场戏就不要以斗争开始了。他和那些受阿酷操纵的

机器人搏斗。寒气逼人，加之凉风袭入，阿酷开始打喷嚏："哦，我必须要喝点儿鸡汤。"

艺术家：哦？

艺术家：我们如何刻画他被病毒感染了呢？

艺术家：我们让他的脸呈现出一半人脸，另一半阴影。

艺术家：他成了阿酷。

艺术家：他成了杰酷（Jaku）。

艺术家：随着疼痛加剧，他的命运也变得更加飘忽不定。

艺术家：或许他救了被抢劫的人，那个人道谢后离开，这时杰克才发现他的另一只手里拿着那个人的手表。

艺术家：需要安排某人来鼓舞他，与他展开精神斗争吗？

艺术家：还是让他自我反省？我想我可能想到一个净化心灵的地方——修道院。那些修道士会指点他。

艺术家：B故事的情节是，没有人相信杰克，别人见到他就跑。

塔塔科夫斯基：如果杰克能自救的话，他的人物形象会更伟大。我喜欢杰克的独眼阿酷形象，两边的脸有所不同的想法也不错。我越想越觉得这个节目的主旨还是杰克最终战胜了自己比较好。

艺术家：杰克觉得自己不要伤害了别人，于是离开这个城市到乡村去了。

塔塔科夫斯基：我还是希望情节能简单些。

艺术家：在修道院中，他们把杰克绑了起来，所以造不成任何伤害。

塔塔科夫斯基：阿酷是否知道杰克也有同样的病？

艺术家：不知道，他病得太厉害了。

在这次交谈中，没有人支配谈话过程，没有人比其他人创造的成果更多。他们是平等地参与，一起推动团队心流的出现。尽管这个讨论起源于安迪的一个想法，但是他几乎没说什么；尽管塔塔科夫斯基是这个团队的领导者，但是他没有去支配这个团队的交谈。这个动画片是 10 个人集体创造的，是团队创造力的体现。

高索引性语言与创造力

我认为交谈是合作的助推力，因此我选择去芝加哥大学读研究生。这里有著名的创造力研究者米哈里·希斯赞特米哈伊，还有很多语言学、心理学和人类学领域研究交谈的著名科学家，他们的共同领导者是麦克阿瑟奖的获得者迈克尔·西尔弗斯坦（Michael Silverstein）。他们的学科组合模式启发我第一次把创造力科学和交谈联系起来，由此对合作有了更深的理解，毕竟一门学科是无法独立发展的。

在芝加哥一个温暖的春天，午饭之后我准备稍微休息一下，穿越校园踱步到咖啡馆。那天我开了一上午的会，所以穿着职业套装，打着领带。在往回走的路上需要穿过一个宽敞的庭院。这时一群背着粗呢背包的高中生走过来，后面跟着三名成年男子，我猜想他们是来此交流访问的体育团队，三名男子是陪护人员。看着我手里拿的咖啡杯，其中一个男孩用一种生硬、略带粗鲁的语气说道："咖啡馆在那边？"并指着我刚出来的那个大楼的方向示意。我礼貌地回答说，是的，就是那个方向，进去下楼梯，就在地下室里。在他后面有三个人也听到了这段交谈，几秒钟后他们经过我身边，一个人用略高的声音毕恭毕敬地问我："请问这是去咖啡馆的路吗，先生？"

我和他都知道，他刚刚已经听到我告诉高中生就是这条路了。那么，他为什么还要再问我一遍呢？这句话还暗含着以下几层意思：首先，他为那个男孩的无礼向我道歉，让我知道他理解那种语气是失礼的；其次，他大声并清晰地向我提问是为了确保男孩能够听到，让那个男孩也意识到自己失礼；最后，这也清楚地向我暗示他在责备那个男孩。他在处理这个问题上的创造性让我吃惊：用一个简单的提问同时表达了歉意和责备，尽管听起来既不是在道歉，也不是在责备。

研究交谈的学者研究了个体参与者的行为与整个团队的交谈之间的关系。交谈分析法提供了一种工具，这种工具可以分析出在合作过程中，交谈如何把个人的顿悟结合起来。这些学者认为，陪护的道歉是间接语言。与直接语言不同的是，间接语言的理解需要在特定的语境之下。如果一个人说："我很抱歉，刚才那个男孩对您太无礼了！"每个人都能明白他的意思。但是对于"请问这是去咖啡馆的路吗，先生？"这一提问，除非知道语境，否则人们不可能这么理解。我们称这种语境依赖为"索引"，最具创造力的语言是具有高度索引性的，它的语义与当时的社交语境息息相关。

语言学家发现，50%以上的语言都是具有索引性的，有人甚至估计这一比例大约占到了90%。代词"他"和"它"就是索引性的，因为如果不知道之前的谈话背景，便很难领会它们的意思。在一个交谈中，"它"的含义有赖于语境，"这儿"可能指代下面的任何一种情况：在

索引性
Indexicality

索引性是语言的一种性质，意指在语言运用的不同语境中，一种语言的某些表达具有不同的意义。50%以上的语言都是索引性的，最具创造力的语言具有高度的索引性。

这间屋子里、在附近、在这个城市里、在这家公司。究竟指代哪间屋子、靠近哪儿、哪家公司，因交谈主体的不同而不同。

研究发现，除了索引性语言，索引性词语也能推动创新。交谈研究科学家迈克尔·西尔弗斯坦和斯塔基·邓肯（Starkey Duncan）将两个互不相识的研究生带入实验室，仅仅要求他们去了解对方。两人只进行了几分钟的交谈，代词"这儿"和"那儿"就至少有三种可能的意思。"那儿"可能指代他们的家乡、他们的本科院校或者院校所在城市，"这儿"可能指芝加哥市、芝加哥大学或者研究实验室。像"你喜欢那儿吗？"或者"你觉得这儿怎么样？"这样简单的问题会有多种回答方式，也就会有多样化的交谈方法。最具创造力的交谈如同即兴剧场中的交谈，每个说话者都会重新诠释前一个人刚才所说的话，并且在这个基础上展开新思路，通过这种方式，团队就会产生新奇的创新。

间接语言的另一个特点是语义的模糊性，这促使倾听者要创造性地参与交谈。为了顺畅地交流，在交谈时，说话者和倾听者不得不合作以弄清楚对方真正的意思。美国人习惯性地认为，说话人的义务就是清晰地表达自己的思想，倾听者实际上不需要做什么。但是在其他一些文化中，例如从日本岛到加勒比海以及中间的一些国家，人们高度评价间接的、创造性的聆听。在日本，"sasshi"的文化价值观强调谈话的关键方是聆听者，并且认为即使说话方没有清楚地表达自己的意思，聆听者也能根据语境领会其意思。例如，如果西方学生错过一节课想要借朋友的笔记看，通常那个学生会直接问："我错过了上周的课，想借用一下你的笔记。"作为对照，这里有一段典型的日本学生的对话。

学生 A：嗨！

学生 B：嗨！

学生 A：还好吗？

学生 B：很好。

学生 A：你的课上得怎么样啊？

学生 B：还好，不过作业很多。

学生 A：确实是！

学生 B：你也这么认为啊？

学生 A：是不是感觉有点儿难啊？

学生 B：是啊！

学生 A：我上周缺课了，这对我来说真是雪上加霜啊！

学生 B：是这样啊！

学生 A：是的，那么我可不可以借用一下你的笔记啊？

　　间接语言为倾听者留有更多的思考余地，使得交谈充满不确定性，从而可能产生更多的合作性创新。那个男孩可以装作没有听到陪护人员间接的道歉，或者假装不明白陪护人员的用意。对于西尔弗斯坦的研究生被试来说，问题"你感觉这儿怎么样？"可以有多种不同的回答，比如，"我看到了一幅宣传这个调查研究的海报"，"这儿"代表实验室；"我想和著名的教授一起做研究"，"这儿"代表芝加哥大学；"我租了 U-Haul（一种租车）"，"这儿"代表城市或附近。提问者可能会说："不，我的意思是……"然而，富有创造性的交谈者会让充满新奇的交谈自由进行下去。

模糊语言带来创造性交谈

　　创造性交谈中的索引可能看起来与真实世界中的创新相去甚

远。但是今天大部分创新型公司都发现，通过间接交流可以带来重大创新。

加州大学戴维斯分校的安德鲁·哈格丹（Andrew Hargadon）对包括 IDEO 设计公司和飞机制造商波音公司在内的 8 个创新型组织进行了长达 3 年的研究，得出了间接交流推动创新型企业创新的重要结论。每家公司都试图在其可进行搜索的数据库中捕获、征集专业人员的集体智慧。这种"知识管理"的目的是通过帮助成员在彼此间建立联系来激发创新，但是这 8 家公司很快发现，这些数据库在促进创新方面根本无济于事。在惠普公司，一台中央主机服务器储存了所有已完成的项目的详细信息，但是开发人员从来不用它。

这是怎么回事呢？当解决一个已定义好的问题时，这些数据库很有用，但是当你不知道你要寻找什么的时候，创新更可能发生。如果你的任务是在激光打印机上安装一种新字体，一个数据库可能会帮你找到关键词"安装"、"字体"和"打印"机。但是对于问题发现型创新来说，数据库几乎没用。如果你试图开发一种新的、不需使用字体的打印技术，或者一种在需要时可以自动安装的新字体，数据库自然没有什么用处。当谁也不知道确切的问题是什么，或者要问什么问题时，数据库是帮不上忙的。

数据库无利于创新的另一个原因是：计算机不支持模糊性联系。哈格丹的研究发现，在这 8 家公司中，当一个创意可以获得多种解释时，最易产生创新。也就是说，该创意就具有语义模糊或歧义性。这种模糊有助于创新，因为它使得创意更容易被重新释义，借此解决存在于组织其他地方的一些困难的或不可思议的问题。

　　这些最具创造力的公司的文化都强调模糊性。有一天的午饭时间，哈格丹看到两名 IDEO 的工程师拆开了一个装餐巾纸的不锈钢盒，查看它的内部机理。那天他们仅仅抱着试试看的心态，看看那个机械上是否有可以重新使用的零件。他们俩还经常造访当地的五金店，去飞机废旧物堆积场、芭比荣誉屋等地方进行实地考察，目的在于训练自己重新解释事物的能力，以便于能识别出更多的语义模糊。这种能力使得另一家著名的设计公司 Continuum 的设计师帮助锐步公司设计出了一种能够超越耐克的气囊技术运动鞋。这名设计师想起一种他们曾为医疗客户设计的充气式夹板，结果设计出了锐步的充气运动鞋，推向市场的第一年就为锐步赢得了超过 10 亿美元的收入。

　　葛兰素史克公司借助信息媒介推动跨部门的思想交流，比如指派全职员工作为知识经纪人。西门子是德国的一家工业企业，它要求各个部门的经理在每年特定的时间里聚集在一起，组成团队。安赛乐米塔尔公司（ArcelorMittal）是全球最大的钢铁制造商，其伦敦分公司制定了一条政策：下属公司的每位总经理必须至少兼管本部门外的一个部门。英国石油公司借助数字工具，比如在线专家通讯录，创建了一套完善的系统，帮助同级经理组成团队和跨部门合作。英国石油公司所有的经理都需要投入至少 15% 的时间和其他部门的人员分享知识。英国石油公司在埃及的石油业务部主管戴维·内格尔（David Nagel）说："这里的工作模式是建立开放的创意市场，它培育了人们捕捉真正的专业知识的能力。"这个要求比较苛刻，但是如果大公司能够成功地整合内部的众多分散的专家，它们产生的创意将多于小公司。英国石油公司的经理们将他们各自的专业知识汇聚起来，提出新的电子商务方案，结果出现了 100 多个新项目。其中一个项目是海洋联结公司（Ocean Connect），最开始它从事航海燃料拍卖业务，现在它是全球海运产业的一个网络中心，由包括英国石油阿莫科公司（BP Amoco）、壳牌公司（Shell）、德士古公司（Texaco）和雪佛龙公司（Chevron）在内的财团资助。

模糊语言随时可能产生，在走廊的交谈中、有效的头脑风暴会议中，或者来自诸如你和你的同事或老同学在打篮球这样的非正式网络中的偶尔的交谈。私人的和职场的人际网络是错综复杂的、模糊的、随机的，然而它们却可能带来意想不到的联系。根据管理学者野中郁次郎（Ijukiro Nonaka）和竹内弘高（Hirotaka Takeuchi）的研究，鼓励发展人际关系的公司，例如日本电子行业的夏普公司与房地产和化工产品的顶级制造商花王株式会社（Kao）都是创新高手，因为它们的结构支持跨越边界和层级的各类联系。两位学者称这些公司为"超文本组织"，因为它们推崇模糊性语言，从而带来了创造性交谈的可能性。

在好的即兴剧场表演中，对白的一个特点是语言的模糊性。每个表演者都追求原创性的想法，以便对语言进行多样性解释。团队中的其他成员因此可能捕捉到说话者未察觉的新东西，或者从一个意料之外的新角度得到启发。

一个星期六的晚上，在南芝加哥海德公园附近的一家剧场里，人山人海。这天晚上的第二场演出是芝加哥最受欢迎的一个即兴剧团"校园外"（Off-Off-Campus）的表演。这个剧团每周末的 3 场表演都能吸引数百名观众。"校园外"这个名字起源于戏剧史上的一次重要事件：1955 年 7 月 5 日，即兴喜剧表演在离芝加哥大学校园几个街区远的一间酒吧里诞生，当时一群在校大学生在无剧本参阅的情况下即兴表演，并取名为"罗盘表演者"（Compass Player）。之后，罗盘表演者带来了极负盛名的"第二城市剧院"，以及后来的电视节目《周六夜现场》。"校园外"是罗盘表演者的直接产物，当时他们还是芝加哥大学的学生，而且是在离校园不远的一间酒吧里表演。我用了两年时间研究这个剧团，同时担任这个剧团的钢琴师，我将摄像机放置在钢琴后面三脚架上，对剧团表演过程进行录像，以便事后进行分析。

周末的晚上，"校园外"通常会即兴表演 10 个场景，每场表演的长度不一、风格迥异、规则奇特，例如进入和退出规则。在这里，观众向每个演员提示一个单词，无论这个单词什么时候说出来，得到提示单词的演员就要进入或退出舞台。在一个特殊的周六晚上，剧团要求观众给出一个谚语作为提示语开始表演，提示语是"别对礼物吹毛求疵"。当舞台灯亮起时，场景是这样的：

（戴夫在舞台的右边，艾伦在舞台的左边。戴夫开始在右边摆姿势，并自言自语。）

戴夫：所有的玻璃饰品都在我的货架上。这是我梦想中的店铺。

（开始表现出赞美的样子。）

艾伦：（慢慢地走向戴夫。）

戴夫：（注意到艾伦。）你好，有什么能为您效劳的？

艾伦：嗯，我在挑选……嗯，嗯……一个礼物。

（艾伦看起来像一个孩子，她的手放在嘴里。）

戴夫：礼物啊？

艾伦：是的。

戴夫：一头小驴怎么样？

（戴夫模仿从架上拿下小驴交给艾伦的动作。）

艾伦：啊，这个……我想要稍微大一点儿的……

戴夫：哦。

（把东西放回货架上。）

艾伦：我要送给我爸爸。

　　在30秒钟的时间内，他们要让观众领会事情的来龙去脉。戴夫是一个店主，艾伦是一个为父亲买礼物的小女孩。因为她年龄太小，所以需要店主的帮助。这就是两位具有创造性的演员创作的故事情节。不同于一个一切都已安排妥当的剧本，即兴意味着每时每刻都充满悬念。在第二幕中，艾伦非常有说服力地告诉大家："我想我就是贵店橱窗模特的完美人选！"在第三幕中，戴夫可能已将艾伦雇用为导购，并喊道："你又迟到了！"当艾伦进入场景中时，她事先不知道要扮演一个为自己的父亲买礼物的小女孩。她可能是一名店员、店主的妻子或者店主的女儿。这也许听起来有些荒谬，可现实就是，一个即兴演员不能独自赋予表演某种创意，创造取决于整个团队逐渐展开的对话与交流。与间接语言相似，只有聆听者的配合才能赋予语言特定的含义。

　　随着剧情的推进，我们知道艾伦给他父亲买礼物是因为父亲病了，他父亲有点儿精神失常。第三个进入剧情的演员扮演艾伦患有精神病的父亲，这一幕里，聪明的店主治愈了他的病。在演出中，任何一个可能的语言歧义，都是一个表演创新点，演员都可以捕捉到这些点进行创造性发挥。这些演员将模糊语言升华为一种艺术形式，可见即兴创作是创新的一种有效模型。

我们需要注意的是，培育一种使用模糊语言、即兴创作和不断交谈的组织文化将有助于团队创造。但是要了解创新是如何发生的，就不仅要进行团队研究，还要关注创新性的组织，第 8 章将对此做出论述。

GROUP GENIUS
成为创意组织

交谈与合作

1. 交谈是形成思维概念的源泉。

2. 优秀的即兴团队先接受对方的建议，再锦上添花。

3. 培育一种使用模糊语言、即兴创作和不断交谈的组织文化将有助于团队创造。

GROUP GENIUS

GROUP GENIUS

第三部分

THE CREATIVE POWER OF COLLABORATION

合作网，
创意组织的新形态

08

重新定义创意组织

什么样的组织适于创新的产生？
合作型组织有什么秘诀？

设想这样一家工厂：没有轮班制、没有午餐铃提示、没有时钟，员工自己安排工作时间。那里没有正式的章程和层级，基层员工制定工厂的组织结构和程序，即使最基层的工人也能随时检查公司的账簿。同时，工厂向员工提供免费的培训，教授他们如何阅读资产负债表和现金流量表，因为公司的重要决策将由全体 3 000 名员工投票决定。

这种工作的确存在，不是在美国，也不是在日本，而是在巴西，一个以家长式作风和严格的家族控制而闻名的国家。塞氏企业（Semco）①以安东尼奥·库尔特·塞姆勒（Antonio Curt Semler）的名字命名，这位奥地利移民于 1952 年在位于巴西圣保罗的公寓里创建了这家公司。你可能认为这种即兴组织在知识密集型的白领阶层公司中会表现出色，但是塞氏企业是个制造商，生产船用泵、数字扫描仪、工业混频器，以及每小时能擦洗 4 000 多个盘子的商用洗碗机。它是工业经济中的一家知识型公司，有可能是世界上最大的合作型组织。

---

① 想更多地了解塞氏企业，推荐阅读由湛庐文化策划，浙江人民出版社出版的《塞氏企业：设计未来组织新模式》。——编者注

1980 年，里卡多·塞姆勒（Ricardo Semler）从父亲手里接管这家公司时，塞氏仅有 100 名员工和 400 万美元的年收入。这是一家传统的层级型公司，有一大堆装订成册的各类章程和流程用于应对各类情况。作为创始人的儿子，塞姆勒原本可以继续以传统的方式不费力气地管理公司，但是当时公司正处于破产的边缘，依靠短期银行贷款维持经营，塞姆勒意识到，他必须采取一些激进的措施。第一天上班，他就解雇了大多数老派的高层经理。在采用了新的流动型组织结构不久之后，公司开始成长，增长速度几乎超过了巴西所有的公司。公司的年收入从 400 万美元增长到 2003 年的 2.12 亿美元。

在大多数公司，官僚作风妨碍了创新，塞氏企业的解决办法就是去除官僚作风。塞氏企业运营方式即兴化，有意识地避免长期计划，公司从来不做超过 6 个月的计划。到 2003 年，恰逢首席执行官里卡多·塞姆勒做出该决定 10 周年，公司为此举办了一场庆祝宴会。

像戈尔公司一样，塞氏企业的团队拆了又重组，其组织结构是自下而上即兴组织起来的，而且大多数成员是团队自己挑选的。"那里并非没有组织结构，相反，它是一种不受高层影响的组织结构。"塞姆勒指出。在工作中，即使没有老板的监督，来自同事的压力也是巨大的：如果你得不到同事的尊敬，就不会被任何团队选中工作，那么你很快就会被解雇。

塞姆勒的结论与比尔·戈尔一样，比尔·戈尔认为，一旦一个合作性组织变得臃肿，它就不再发挥作用。不论何时，只要团队成员超过 150 个人，戈尔就会在特拉华州的乡下建造一栋新的写字楼。塞氏企业遵循同样的哲学，塞姆勒曾经把一个 300 人的工厂分成 3

个独立的车间。当然，这种决定同时也带来了无效率和高成本。但是一年之内，公司销售量翻倍，存货周期从 136 天下降到 46 天，并且创新层出不穷，产生了 8 项新产品。

一项针对欧洲、日本和美国公司的研究表明，最具有创新精神的公司都会将运营单元的人数限制在 400 人以下。进化论专家指出，在人类的 DNA 里有关团队规模的编码为 150 人，因为史前原始人的编码没有超过这个数目。人类正跨入文明社会，戈尔和塞姆勒对最大团队规模持相同结论绝非巧合，具有典型性。

许多公司认为它们能通过雇员参与的方式进行授权，但是大多数公司没法像塞氏企业那样。很多时候，"参与"不过是一种增加雇员工作满意度或者促使他们接受高层决策的一种策略形式。塞氏企业的做法满足了参与管理的特征：合作的、即兴的、自下而上的，它是有关组织的彻底的再思考，然而大多数公司依然不愿如此。不过，随着创新变得比以往任何时候都更为重要，它们将别无选择。

创新实验室：培养集体创造力

今天的创新并非与过去毫无联系，也不是某一个孤立的外来者的天才洞察力挽救了公司。正好相反，今天的创新依靠那些细小的、持续的变化，而且这种变化已经成为成功企业的文化组成部分。创新巨头 3M 的首席执行官乔治·巴克利（George Buckley）说："我们不应该把发明的重点放在大事情上，而应该放在成百上千的小事情上，年复一年。"当我问创业者他们的想法来自哪里时，他们总是讲合作和联系的故事、讲创新的故事，这些创新来自一个遍布整个公司的创意空间，有时甚至超越了公司的界限。例如，当约翰·里德担任花旗银行首席执行官时，他每个月都会与许多政界和商界领导者交谈，经验告诉他，创新的想法往往来自这样的交谈中。百事公司前首席执行官卢英德（Indra Nooyi）也是这么做的，她向一位记者解释说："每个周末我都会开车去某个地方。我听孩子们谈论他们对什么着迷，他们在做什么，他们没有做什么。我阅读了一系列与文化和生活方式有关的东西包括日常的商业新闻《人物》与《名利场》，以及任何接近文化前沿的东西。"

合作型组织的文化建立在灵活、交往和会谈的基础之上，即兴创新是经常性的商业实践活动。许多管理者认为这似乎不合常理，因为即兴好像意味着不进行事前计划。现在的许多组织理论诞生于20世纪60年代和70年代，那时创新没有今天这样重要。这样的理论最适合用来解释有着稳定结构并且极少变化的公司和市场，例如在贝尔（Bell）系统出现之前的美国电话电报公司（AT & T），或者撤销管制之前的美国航空公司。但这些理论不适用于当今迅速变化的经济环境，因为保护垄断的现象越来越罕见，而且新技术使得先前稳固的产业充满了激烈的竞争。

尽管计划和结构在组织学理论体系中占主导地位，但也有例外。1969年，管理学大师卡尔·维克（Karl Weick）在其经典著作《组织社会心理学》（*The Social Psychology of Organizing*）中，提倡小规模、"松散耦合型"的组织结构，这种组织

松散耦合型组织
Loosely Coupled Organizations

这种组织的结构可比作随意拼接的积木模型。即使经历了整合、拆分或者重组，组织本身所受的干扰却相对较小，并且比之于精密计划的组织形式，它更富有创新性。

的结构可比作随意拼接的积木模型。即使经历了整合、拆分或者重组，组织本身所受的干扰却相对较小，并且与精密计划的组织形式相比，它更富有创新性。十年以后，"松散耦合型"公司的成功证明了维克的设想是正确的。在 20 世纪 90 年代，彼得·德鲁克和罗莎贝斯·莫斯·坎特（Rosabeth Moss Kanter）这两位名扬四海的学者发展了这一理论，进一步表明：具有小规模团队和较少等级层次的公司更具创新性。马里兰大学的两名教授在 1996 年研究了十年来有关组织结构设计方面的理论，得出的结论是：基于团队的公司比基于官僚结构的公司更能出色地完成任务。

自 1996 年以来，出现了许多提倡合作的理论，许多研究表明，跨职能的，也就是被称作"创新实验室"的合作型组织有利于缩短新产品开发周期。这个"创新实验室"由公司不同职能部门的员工组成，共同参与产品的各个开发阶段，包括采购、生产、营销、工程、服务和财务等环节。

商业媒体也竞相报道许多公司设立创新实验室的故事。

◎ 谷歌的 X 研究实验室：成立于 2010 年，其第一个项目是谷歌自动驾驶汽车。大多数产品都是绝密的，但也有其他一些产品被公布，包括 2014 年的 Wing（一个飞行产品交付系统）、Glass（一个增强现实的头戴装置）和 Loon 互联网服务（通过一个飞行气球网络）。

◎ 高通：新业务发展总监里卡多·多斯桑托斯（Ricardo Dos Santos）2006 年创建了一个名为"风投盛会"（Venture Fest）的内部孵化器。

◎ 亚马逊的 126 实验室（1 代表 "A"，26 代表 "Z"）：这个内部孵化器开发了亚马逊 Kindle 电子阅读器，并产生了许多其他创新。

◎ 微软的车库：车库是一个内部的创新空间，工程师可以在自己的项目上工作，同时在紧急的、自发组织的团队中集合。

你可能以为谷歌这样的高科技公司会专注于创新，可是事实是，零售和服务机构也在参与创新。非高新技术公司，像劳氏、家得宝、塔吉特、沃尔格林、西尔斯、维萨和诺德斯特龙在旧金山地区有实验室。这些空间被设计得像初创企业，有白板、团体空间、色彩明亮的设计师造型家具、免费午餐，甚至还有乒乓球桌。

你不必搬到旧金山去，许多公司在自己所在的城市里创造创新空间。在辛辛那提的一个布满沙砾的社区，宝洁公司开发了 "克莱街项目"（Clay Street Project），一栋 5 层楼高的阁楼建筑，跨职能团队每次在这里花 1 ~ 12 周的时间创建新品牌。宝洁的领导者相信合作的力量，他们的目标是培养 "集体智慧" 和 "涌现的艺术"。这一模式的一个关键要素是保持这些创新在整个组织中的联系，而不是将创新隔离在单独的研发实验室中。在经历了十年的成功后，该公司正在进入第二个十年，而且似乎比第一个更有前途。

告别线性创新

创新实验室到底有什么新鲜的东西值得如此关注呢？毕竟，最古老的激发创新的策略之一就是把日常商务活动与创新活动区别看待。回顾过去，卓越的创新大都产生于不参与日常活动的隔离团队中，包括施乐的帕洛阿尔托研究中心（PARC）、通用汽车公司的土星（Saturn）研发小组、IBM 公司的个人计算机在博卡拉顿的研发小组、苹果公司开发麦金塔（Macintosh）、PowerBook 笔记本电脑和视频文件播放程序 Quick-Time 的小团队，以及洛克希德（Lockheed）公司的"秘密科研项目组"（第二次世界大战期间喷气式战斗机的设计团队）。自那以后，许多独立的研究开发小组相继出现。但不同之处在于，旧创新模式是基于线性的：分离的团队先提出创意，公司的其他人员挑选出最好的并执行应用。经过数十年的实践摸索，产品开发专家们已经把这种成熟的线性模型过程分解成一个个相对独立的阶段，"闸门"控制着整个过程中从一个阶段到下一个阶段的过渡。

如果创新模型是线性的，那么就可以把创意阶段分离出来，让更具有创造性的部门专门完成，执行阶段仍然由传统的官僚型部门完成。虽然这种线性模式有利于短期创新，但它妨碍了长期创新，因为创新需要整个公司的通力合作，一个分离出来的"臭鼬工厂"（Skunk Works）与公司其他部门在沟通上通常存在障碍。例如，1970 年，本部位于纽约罗切斯特的施乐公司经再三斟酌，在加州西部的帕洛阿尔托成立了一个研发部门——帕洛阿尔托研究中心。施乐从最著名的研究实验室里雇用高水平的创新者，截至 1973 年，公司研发出阿尔托电脑，第一台拥有了窗口、菜单、图标和鼠标控制四大功能的电脑。但是此后，施乐再也没有成功上市过一款新产品，部分原因是帕洛阿尔托研究中心的创意无法在其他部门的工程师那里得到实际贯彻。施乐的高级研究员纷纷失望地离去，转而到苹果公司开发麦金塔。

"臭鼬工厂"模式把所有的创新希望寄托于一个精英团队。实际上，即使最具有革新性的产品和系统也脱胎于那些零星的智慧火花。成功的创新公司能帮助组织中的每个人持续地提出创意。创新实验室是种全新的组织形式，由来自公司各个部门的人员组成，这是一种临时性的工作，他们在实验室里进行合作和交流，之后返回原部门。例如，在2016年，诺德斯特龙的领导们真正意识到，公司孤立的创新实验室方法并没有奏效，于是他们开始在整个组织中实施技术创新；微软的车库汇集了公司所有产品线的工程师；宝洁公司的克莱街项目和美泰公司的鸭嘴兽项目集合了组织中各个部门的人员，不仅包括了设计师和科研工作者，而且包括生产人员和市场营销人员。几个月后，这个临时组织解散，成员们把创意和交往联系带回原部门。

合作型组织的十大秘诀

设立创新实验室仅仅是第一步，只有把合作型组织的创新影响力扩散至整个部门时，才会取得成效。最具创新性的公司常常通过以下10个途径进行合作与创新。

1. 同时进行多种尝试

20世纪80年代，我曾在波士顿地区两个业务截然不同的创业公司工作：视频游戏设计公司通用计算机公司（General Computer Corporation，GCC）和一家专门负责客户端软件开发的管理咨询公司科南系统公司（Kenan Systems）。1990年，我离开公司到芝加哥学习创造力理论。在1995年，与我就职时相比，两家公司都做了新的调整，也都保持成长势头。它们的成功秘诀是：它们是合作型组织，能够快速适应市场变化从而保持持续成长。

1984 年，视频游戏产业遭遇寒冬，GCC 几乎破产。为渡过难关，公司启动了许多小规模的探索性项目。同年，苹果公司发布了麦金塔，第一台麦金塔计算机确实没有内置的硬盘驱动器，此举现在看来令人难以置信。而 GCC 是第一个成功安装硬盘驱动器的公司，尽管它似乎跟视频游戏没有什么直接关系，但这种探测性项目却让公司东山再起。几年后，当苹果公司发行安装了硬盘驱动的麦金塔时，GCC 开始了另一次变革，这一次，一个探测性的项目最终成功发展为一项激光打印机业务。

1999 年 1 月，朗讯科技公司（Lucent Technologies）以 14.8 亿美元的价格收购了科南系统公司，当时科南已经是马萨诸塞州最大的软件公司，但是它不再做客户端软件。科南系统公司的价值在于它拥有一个可用于修正计费错误的"嵌入式及网络计算专家系统"（ARBOR），这个系统是我在 20 世纪 80 年代中期参与开发的，现在已经发展成卓越的单机计费系统。ARBOR 系统在开发时间的选择上恰到好处：当科南系统公司欲出售计费系统时，无线通信行业正在兴起，各处的公司竞相出售手机、寻呼机和宽带，而 ARBOR 是当时唯一可用的公司计费服务系统。

1997 年，麦肯锡公司的肖纳·布朗（Shona Brown）与斯坦福商学院的凯瑟琳·艾森哈特（Kathleen Eisenhardt）共同参与研究，把三个合作型组织与三个没有创新能力的组织进行比较。合作型组织坚持不懈地试验着许多可行的、预算成本不高的项目。它们不是提前把项目的详细计划做好，而是即兴处理突发事件。不具创新力的公司却恰恰相反，它们几乎没有任何实验性项目，并且它们的管理者总是提前安排未来的活动，往往花几个月的时间详细阐述公司的战略和产品开发计划，这样做的麻烦是，如果计划落空，项目就会前功尽弃。

我们了解到，3M 公司、戈尔公司以及谷歌均从员工们的工作时间中预留 10% ~ 20% 用于创造新项目。2012 年，苹果启动了一个类似的项目，名为"蓝天"（Blue Sky）。与此同时，领英宣布成立孵化器，工程师们有 30 ~ 90 天的时间来完成他们的常规项目，以实现他们自己的新想法。思科也提供创新的机会，包括书呆子午餐、代码冲刺、黑客马拉松、极客盛宴、创意风暴，等等。

这些实践的目标是鼓励原创和试验想法。IDEO 的职员们经常用发泡材料设计新款产品；在皮克斯的动画设计师们所开发的电影短片中，有一些能直接拍成故事片，有的则用新技术加以改编，然后插入到正在编制的故事片项目中。一个名叫《棋逢敌手》（Geri's Game）的电影短片一直未能开发成故事片，但是它应用了一项新技术来制造仿真的皮肤和衣料。这种技术经过进一步改进，应用在了故事片《虫虫特工队》（A Bug's Life）上。以上策略确保项目得到及时的测试，以避免优秀项目的夭折，并且将团队总体的创意转化成可视图案，便于其他团队改编后再次应用。

在好莱坞，具有创新精神的专家们认为取得成功的最佳途径是：先搜集尽量多的可行方案，然后挑选出最好的。那些赢得诺贝尔奖的科学家也有同样的经验：他们总是保留很多的备选方案。合作型组织往往同时开发多种方案。当商业环境发生变化时，最畅销的商品可能变得无人问津，原本处于备选的某个方案此时没准会成为"救星"。

2. 设立突击队

在托马斯·爱迪生的实验室里，工作团队试图寻找使大西洋水下的电报电缆工作效率更高的新方法，结果意外地发现了碳的一些不为人知的新属性。这一发现被爱迪生的电话设计团队所采用，并促成了一款低成本麦克风。而低成本的麦克风则是导致电话业务商业化的关键技术成果。

在合作型组织中，一些创意虽然对于当前的工作任务来说没有意义，但也会被收集起来，以备他用。在爵士乐的即兴演出中，有些时候人们会觉得演奏中出现了错误，但再一次回味的时候，就会发现其实那根本不是错误，而是新的创意。1899年，电动力汽车的销量激增，爱迪生预测汽油发动机车将被淘汰，电动力汽车会盛行。今天看来这个预测失误了，然而当时汽油发动车并不完美，前景也无法预知。于是，爱迪生带领其团队研究经过改良的碱性蓄电池。不过，蓄电池驱动的汽车存在很多致命弱点，比如崎岖不平的道路很容易损害蓄电池极板；由于车身过重，电池很快会耗尽。到1909年，当爱迪生准备大规模生产这种蓄电池时，汽油发动机已发展得相当完善，电动力汽车蓄电池随之失去了用武之地。然而这种蓄电池却在重型工厂得到了应用——这是爱迪生从未想到过的创新。

当过多的新创意同时出现时，我们会担心无法识别真正的好创意。合作型组织能帮我们解决这个难题，因为一旦合作起来，团队很容易识别好创意。尽管我们不能计划出一项创新，但我们可以设计组织结构，让它变得更容易识别创新。欧莱雅旗下美体小铺（Body Shop）的创始人安妮塔·罗迪克（Anita Roddick）曾说过，她应该设立一个突击队，致力于发现创意并实现创意。

合作型组织识别新创意的一种方式是"创意市场"（Idea Marketplace）——识别根本性创新的自我管理团队。这些"突击队"在整个公司内搜集好创意，并且负责使其商业化。自1996年以来，壳牌石油采用这样的团队，称之为"战局改变者"（Game Changer）。到2016年，战局改变者团队已经收到了来自公司内外的10 000多个创意，吸引了1 700多名创新者参与，成功完成了100个新项目。团队成员最多在4年后轮换，目标是每年25%的轮换。团队位于美国休斯敦和荷兰赖斯韦克，并有权每年分配高达4 000万美元的资金，每项提议最高可达50万美元。战局改变者团队在20年的运营中给公司创造了一半以上的创新，其中包括一个漂浮的液态天然气工厂，这是一艘载重量为60万吨的巨轮，包含一个完整的液化天然气工厂。这是一项根本性的创新，因为所有现有的液化天然气工厂都是在陆地上建造的。壳牌的工厂将是世界上最大的浮动生产工厂。

大多数的创意永远都不会派上用场，因此，失败在合作型组织中是家常便饭。一条亘古不变的真理是：没有失败就没有成功。失败乃成功之母，我们需要营造一种感激失败的组织文化氛围。尽管亚马逊Fire手机在市场上失败了，杰夫·贝佐斯还是对126实验室团队的创新表现印象深刻。谷歌X研究实验室在其团队的项目以失败告终时仍然为员工提供奖金。如果在一个项目团队里，十之八九的人都以失败告终，你必须安慰队员们，不要让他们丧失信心。比起项目进展顺利的成功者，从某种程度上看，失败者需要更多的支持鼓励和积极引导。即使这个项目失败了，从中得来的实践经验可能恰好就用在下一个项目中。

3. 为创造性会谈开辟空间

我大学毕业后的第一个雇主 GCC 公司由两个麻省理工学院的本科生创立，他们靠课余时间在宿舍公寓的地下室里给人安装街机游戏软件，赚取创业资金。后来，他们成功地进入到游戏后台代码中，并适当修改原代码，使游戏更有趣，然后把这些升级包卖给全国的街机游戏软件使用者。这项业务成长得如此迅速，以至于他们不得不从麻省理工学院辍学，转而专心经营它。公司坐落于一个修缮过的地下室里，位于剑桥东部的一幢距离麻省理工学院不远的 19 世纪建筑物里，这里的高天花板以及非常开放的工作环境最初是为安放雅典出版社（Atheneum Press）的打印机而设计的。

GCC 的游戏软件"吃豆人小姐"（Ms. Pacman）取得成功后，公司有了足够的资金装修自己的办公室。在设计两层楼时，公司没有选择小隔间形式，而是选择完全开放的布局，在大厅的正中有一个巨大的楼梯把两层楼连接起来。紧急滑竿是设计中的一个亮点，当电梯太慢时，员工们可以滑下楼。办公室里所有的设施都在同一个开放空间里，员工们随时可以看到其他人的工作情况，不时会有设计者从你身边走过。如果他们对你设计的东西感兴趣，会停下来向你讨教。你要想听听别人对你创意的看法，甚至都不用站起来就能招呼他们过来。这个团队设计了"雅达利"（Atari）经典游戏合集，包括"虫虫入侵"（Centipede）和"顶尖赛手"（Pole Position）等。

我在那里设计了三款游戏，包括"超级食物大战"（Food Fight）等。虽然我是设计者，但它们并非由我一个人完成，其他的设计者时常参与进来，测试游戏，并给出宝贵的反馈意见。

开放式楼面设计已变得越来越普遍，它不仅出现在皮克斯和Facebook 这样的创新科技公司，也越来越多地出现在类似花旗集团曼哈顿大厦这样的地方。2015 年，我拜访了两家大公司，它们重新设计了自己的办公系统，并有意进行合作。埃克森美孚在休斯敦新建的万人办公大楼，以及联想在北卡罗来纳州三角研究园的办公室，员工们聚集在咖啡馆周围的社区。开放空间为合作创新的自然流动提供了支持，帮助想法从一个领域转移到另一个领域，允许自发的对话出现，并加强了正式的信息共享网络。

这些前卫的新办公场所通常设有咖啡厅和游戏室。为了激励即兴的非正式沟通，办公室进行了特别的设计，当员工在工位之间走动时必定会穿过咖啡厅。斯蒂尔凯斯公司和赫尔曼·米勒家具公司生产"可移动"家具，一种带滑轮的、可迅速移动的办公桌、文件柜和会议桌，可以快速移动以适应紧急合作的需要。谷歌公司在硅谷的总部拥有独具特色的设计：许多木质楼梯上都安装了成排的沿梯而上的插座，如有需要，程序员可坐在楼梯上工作，这种安排有助于创意的随时成功实现。

办公家具公司正在尽力带动这种趋势。比如，斯蒂尔凯斯公司和赫尔曼·米勒家具公司在提供办公室布局方案时，都会考虑到需要平衡集体协同工作和个人专心工作的不同需要。赫尔曼·米勒设计了一种以玻璃板为材质的办公室，办公室外层由大的门窗板制成，里层是小门窗板，可以方便地拉开和同事交流沟通。2013 年，麦肯·埃里克森（McCann-Erickson）广告公司在纽约市新建了 12 000平方米的 5 层办公空间，其中一层结合了开放的叙事空间和为小团队设计的突破性空间，以及为单独工作者提供的安静空间。

4. 为创意的出现提供时间

许多人反映，压力让他们的工作表现得更好。紧凑的日程安排和加班已经成为不少公司的文化潜规则。但哈佛大学的研究学者特雷莎·阿玛比尔却发现，这种管理方式通常会扼杀人们的创造力。不容否认，这种方式可以激励工人们更加努力地工作，但也损害了他们的创造力。一项对美国 7 家公司的 177 名员工的调查研究发现，员工们的过度兴奋将让他们难以提出好的创意。这一研究结论似乎与员工的自我感觉是矛盾的。阿玛比尔基于长达 6 个月的员工工作日记的研究发现，虽然员工感觉高压力有助于带来创造动力，但在高压力下，员工的实际创造力要比在低压力下少一半。并且一旦处于高压力下，员工至少在随后的两天内都会处于创造力低迷的状态。

低压力的工作条件更能激发合作性的非正式沟通，为创新的出现提供最佳时机。以下的描述性片段来自一些员工在低压力 - 高创造力的日子里所写下的工作日记：

> 当我与塞斯讨论成像模型时，他提到的许多想法与我的不谋而合，最终我提出了一个更趋完善的详细的模型。
> 温迪拿来了她的 ILP（计算机多线程运算）电影的剪辑，并用一种更有效的方式介绍给我，这启发我产生了许多好创意。

创造力不是一蹴而就的，整本书涉及的心理调查结果告诉我们：创造需要抓住机遇，需要琢磨先前琐碎的灵感火花，消化吸收、深思熟虑，以便将它们进行整合。挖掘合作型团队中每个人的创造力需要时间。美国电话电报公司著名的贝尔实验室发明了改变世界的新技术——晶体管和激光，这一过程有力地证明了公司的文化理念：伟大的创意需要时间。

5. 管理即兴创作的风险

经理们完全有理由担心即兴创作，毕竟，即兴创作总是有风险的。第一个风险是在即兴创作时，当事人不得不暂停已经精心分析并规划好的项目。那么，规避风险的关键就是妥善地协调所编制的计划和即兴创作之间的关系。

第二个风险是，即兴创作使员工难以仅仅围绕一个核心任务和长期策略开展工作。即兴创作在小团队或者规模不超过数百人的组织中表现得最好。戈尔公司有许多零散地分布在特拉华州郊区的办公楼，个别部门生产数以百计的产品种类，以至于很难确定公司的核心产品。里卡多·塞姆勒指出，他的公司是"小规模生产模式"，生产高质量、高价格产品的小规模协同团队，这种模式可能就不适合制造船舶和汽车的大型工厂了。

第三个风险是同时出现过多的创意。某即兴创作公司的一位员工说过："公司想方设法趁早抓住每一次机遇，无论是谁，一旦有新创意就会马上尽力去完成。我们把公司的整体资源分成相当多的组成部分，有时可能会略微偏离公司的核心业务。"具有独特吸引力的即兴创意同时大量涌现，很容易导致另一个极端——"功能蔓延"

（Feature Creep），这样的产品会偏离市场的需求。"功能蔓延"在开放源代码的软件中得到广泛的认可，比如 Linux——理论上讲，程序员可以增加任何他认为软件应该具有的好功能。制造商和财务人员偏好固定的设计模式，而营销人员和工程师却把即兴创作作为提高灵活性和适应性的利器。这种认知上的差别往往导致高层管理者的冲突矛盾。可见，要想成功，合作型组织必须灵活处理上述风险。

6. 在混乱的边缘即兴创作

即兴表演的戏剧小组创作长篇的即兴作品（30 ~ 60 分钟的表演），几乎总是事先准备一个松散的结构。一些是专用的，例如，在对希区柯克电影的即兴模仿演出中，使用精心设计的戏服和背景布置，以及接受过侦探剧本培训的演员；还有一些结构是通用的，比如即兴戏剧《奥林匹克运动的哈罗德》（*Olympic's Harold*）的故事开头包括 3 条情节主线，最终融合为一条主线。

在 1993 年到 1995 年期间，麦肯锡公司时任高级副总裁肖纳·布朗以及哈佛大学的凯瑟琳·艾森哈特先后研究了计算机产业。这段时期，电信业务在消费电子领域发现了商机，多媒体应用也出现了，互联网还是个全新的事物。他们研究了 9 家公司的战略业务部门，包括 6 家美国公司、2 家欧洲公司和 1 家亚洲公司。其中 4 家是硬件公司，5 家是软件公司。他们重点研究了 3 家极富创新和 3 家缺乏创新的公司，进行了 80 多次访谈，并收集了大约 200 个小时的谈话录音。

成功的创新者采用限制性的结构，布朗称之为"半结构化"。研究人员发现对于创新而言，关键的平衡是处于"混乱的边缘"：既不要过于僵化妨碍创新，也不要过于松散陷入混乱。被他们称作"巡航"的成功公司有着明确的管理层责任和清晰的项目优先级，营销人员和工程师的责任划分清晰明了。这类公司按照市场需求划分项目的优先级，跨项目的沟通方式把组织的各个部门有机结合起来，正如一位工程师所说："大家都在相互借用对方的资源。"另一家成功的公司美国泰坦（Titan）公司，在软件开发区内设立咖啡吧，促进不同团队的员工在休息时进行自由沟通。然而最值得一提的是，这两家公司的工作过程不是结构化的，软件开发者们可根据实际工作需要，不受约束地即兴发挥，正如一位开发者说："我们随意地工作，直到弄出成果为止。"如同认知科学家芭芭拉·海斯－罗斯（Barbara Hayes-Roth）所提倡的"机会主义规划"（Opportunistic Planning）所描述的那样，最有效的组织结构是：在规划阶段只是给定进展过程的大体框架，不涉及细节，实际开发时可在这个框架范围内灵活应变。

与成功公司相比，结构松散的法国新浪潮（NewWave）公司，拥有完全非结构化的、打破常规的企业文化。尽管这家公司信守硅谷式的企业文化，却仍不可避免地成为9家公司中最缺乏创新的一家。其余那些缺乏创新的公司则走向了另一个极端，它们采用过度结构化的模式，把整个项目严格地分割成相对独立的子项目。在这种模式下，公司设定了一系列的核查点、正式的规格说明书以及分析项目开发步骤的程序。管理人员对这种模式心满意足，认为这是一个有效率的开发过程。然而，一旦市场需求有所变化，或者新技术得到了应用，他们必定手忙脚乱。一位管理人员说："在实际开发过程中，一旦我们发现存在某个问题，就意味着无法挽救、无力弥补。"

合作型组织并非没有层级，它也具有结构化和秩序化的特征。爵士乐队的贝斯手查尔斯·明格斯（Charles Mingus）说得好："如果没有任何依据，你无法即兴创作。你必须有一些依据才行。"在爵士乐领域，经过数十年的实践，一些歌曲成为即兴创作的标准，而其他一些歌曲却做不到这一点。与优质的作品相比，一些低品位的流行歌曲谈不上令人愉悦，甚至只能被视为一种人为噪音。一开始，公司可能需要尝试不同的结构模式，同时密切关注相应的效果，以便掌握处于"混乱的边缘"的最佳平衡。

7. 为创新而进行知识管理

优秀的爵士乐即兴创作者拥有丰富的经验。个人多年的实践加上与他人的合作切磋，使其逐渐积累了全部技能。优秀的音乐家在即兴创作时，总是参考现存的作品。他们不是简单地直接使用过去的素材，而是先对其进行调整和润色，以符合演出需求。

合作型组织非常擅长在团队之间传播优秀的即兴作品。其实这并非一件易事，因为即兴创作过程是短暂的，该过程结束后，记忆会很快消退。成功的创意组织采用知识管理方法：首先挑选出优秀的即兴作品，然后将它传播到整个组织中去。

特许经营连锁店通常比与之竞争的当地小零售铺更有创新能力，它们的成功源于设法使创新成果在整个合作型组织中得到迅速扩散。卡内基-梅隆大学的琳达·阿尔戈特（Linda Argote）对36家比萨饼经营连锁店进行了调查研究，在她调查期间，正好有一种新口味的比萨饼席卷全美：芝加哥风味的厚比萨饼。但是，36家连锁店马上就发现，这种使用辣味硬香肠的厚比萨饼存在一个问题：传统的比萨饼在烹制之前，意大利辣香肠切片总是均匀地分散在奶酪上，但是当采用同样的方法制作厚比萨饼时，过多的奶酪像池水一样在周围流动，使得意大利辣香肠切片聚集在比萨饼的正中间。

其中一个连锁店找到了解决的办法：以奶酪为中心仿照车轮的轮辐形状把意大利辣香肠切片排成一排，这些香肠就会在烤箱里神奇地整齐排列起来。该连锁店把这个方法提交给了总部，不出几周，36 家连锁店相继采纳了这一新方法。

另外一种进行知识管理的技术是，尽可能粗略地描述职责范围。当人们具备了更全面的技能后，就有可能建立起新的联系，进行更深入的沟通。工作越拘泥于形式，创新活动就越少。一项研究调查表明，一半的创新活动是受新的或者粗略的工作任务激发而成的；另一项研究发现，创新很少发生在拘泥于形式的工作职位上。频繁的人员调动，比如轮流去创新实验室进行为期 3 个月的工作，可以比书面报告和计算机数据更为有效地传播隐性知识。

8. 建立密切的关系网

如果说咖啡厅和开放空间仅仅适用于气氛融洽的小型企业，那么有没有其他方式能使大企业保持合作型创新呢？戈尔公司和塞氏企业所采用的方法是其中的一种：把每个独立办公场所的人数限制在 200 人以内。是否能够创立一个大型的、超过 200 人的，甚至包括所有人在内的合作型组织呢？

市值 150 亿美元的全球水泥和建筑材料公司 CEMEX 在 2008 年金融危机之后想要回答的问题是：如何与在 100 个国家中拥有 4.7 万

名员工的公司增强合作、开放和创新。该公司的解决方案是开发一个名为 SHIFT 的合作平台。SHIFT 是结合了 wiki、博客、讨论板、标签、jams 特点的实时合作工具。团体对每个人都开放，目标是让整个公司参与进来，让不同地域、不同职能部门和不同组织层级的人聚在一起。

到 2011 年，CEMEX 有一半的员工使用轮岗制。现在每个人都实行轮岗制，于是有 450 个团体自下向上形成。这样带来的结果是：新产品开发加速、上市时间缩短、运营成本降低。但或许最重要的好处是对企业文化的无形影响。CEMEX 创新部门主管吉尔伯托·加西亚（Gilberto Garcia）表示，如今，跨公司合作是一种默认的做事方式。

现在，公司可以从各种各样的合作工具中进行选择，比如 Slack、Basecamp、Trello、Yammer（现在为微软所有）、Do.com 和 Salesforce.com 的聊天工具。在 Salesforce.com 的一个场外办公地，首席执行官马克·贝尼奥夫（Marc Beniof）决定邀请 5 000 名员工用聊天工具参加会议。在聊天中，任何一个员工都可以发表言论，但每个人都对自己第一个发言感到紧张。于是贝尼奥夫发表了一篇对一位经理所说的话的评论。然后，人们纷纷开始公开发言。会议结束后，那 5 000 个人还在继续用聊天工具讨论。

Slack 之所以迅速流行，是因为它支持数百甚至数千名员工的合作。Slack 组织电子对话，包括即时信息、聊天室、电子邮件，甚至文件传输。它的 125 万名用户包括了三星、Pinterest、eBay 和哈佛大学的团队。它高效地把不在同一间办公室的人聚集在一起，人们可以用 Slack 来做专注的项目工作，也可以用它来进行交谈和寻找问题的解决方案。将小组临时聚集在一起来解决眼前的问题的聊天室经常出现。

传统官僚结构的宗旨是，适当的人查看适当的信息。即使一家公司接纳了开放的企业文化，但在改革过程中仍旧采用官僚组织结构，那么改革进程必将步履维艰。塞氏公司的管理实践说明，公司的成功归功于开放的信息沟通方式，每名员工都能了解公司最重要的信息。Slack 是一种简单而复杂的工具，它可以将合作的力量扩展到整个组织。

新技术有利于推动合作，但如果一个组织没有正确的文化和价值观，新技术也是孤掌难鸣。例如，美国孩之宝公司时常安排员工与高层领导进行非正式会谈。管理者每周都留出特定的办公时间接待公司内部员工，在这段时间内，任何人都可以进去与管理者交谈而无须预约。在皮克斯大学（Pixar University），员工们都需要接受培训，以保证他们经常分享自己的创意并捕捉他人的创意。这种培训可以帮助员工克服与他人分享一个并不完善的创意时存在的不安心理，培训的主旨是第一时间实现信息共享。

当信息以合作形式实现共享时，决策权也随之下放，这不同于20 世纪 50 年代的官僚型公司，一家公司需要专门的部门负责搜集信息，然后把信息汇报给独裁专制的决策者。现如今，管理者是推动决策过程顺利进行的催化剂和服务者，是不同小组间联系的纽带，是知识的传播者和媒介。这就是"合弄制"（Holacracy）背后的概念——美捷步的首席执行官谢家华（Tony Hsieh）所采用的反等级的组织哲学。合弄制的目标是将权力从管理者手中夺走，分配给团队和个人，使公司成为一个"进化的组织"。合弄制被用来培养涌现出的自发组织的团队，从而创造天才团队。

在创新性交谈中，对信息的模糊表述使人们有可能对信息做出多种解释，建立新联系，以及重新利用这一信息。即兴创作的演员们创作具有多种含义的对白，因为他们知道，后继的小组将可以使用他们的台词共同创作更美妙的对白。合作型组织的专长是创造那些模棱两可的"即兴重复段"，这些段落很容易被重新组合，例如爵士音乐家在独唱中反复利用的乐句。在比较成功的即兴创作剧团里，都有为员工熟知的即兴重复段，正如"爵士四重唱"乐团，经过多年的摸索实践已经发展出一种新模式。

9. 打破组织内的界限

20 世纪 80 年代中期，我在科南系统公司担任咨询师，我们的大客户之一是美国西部公司，它是 1984 年美国电话电报公司解体时所创立的八大区域电话公司之一。美国西部公司还不是老贝尔公司的一部分，而是由美国电话电报公司内部 3 家独立运营的公司勉强结合而成的，那 3 家公司分别是本部在丹佛的蒙特贝尔，它是规模最大的一个；总部在奥马哈的西北部贝尔；总部位于西雅图的太平洋西北部贝尔。

美国电话电报公司原本是受保护的垄断企业，突然间被迫到一个新市场上开展商业活动。而且数十年来，这家公司的组织结构以及作为关键业务的计算机系统计费服务和客户服务系统，一直没有革新。美国西部公司所有的资料都是一式三份，每家独立运营公司各备一份。虽然每个计算机系统最初都是在贝尔实验室设计的，但数十年来，3个独立团队的工程师们不断根据用户需求改进系统，结果每个团队的系统都互不兼容。要想让美国西部公司变得具有竞争力，首先要解决这些无效率和系统不兼容。

20世纪80年代中期，美国西部公司大约每18个月进行一次大规模重组，该公司因此出了名。20世纪80年代，较大的公司纷纷聘请管理咨询公司协助调整公司的商业模式。然而结果是，这些成本高昂且令人痛苦的重组很少能带动创新。因为重组是自上而下执行的，造成了工程师所说的"脆弱"系统，一旦实际环境变化超出原先设定的界限，系统就很容易崩溃。

20世纪80年代，管理者们开始熟悉有关更多的相互联系可能带来更多的创新这一方面的研究。在矩阵结构中，每个员工不只对一个老板报告。问题是矩阵对协作组织的作用还不够大。荷兰电子业巨头飞利浦是矩阵结构的早期提倡者，但几年前就开始将重点转向灵活性和连通性。出于同样的原因，微软CEO萨提亚·纳德拉（Satya Nadella）选择了跨学科的、流动的、自下向上的、自然产生的组织，因为它促进了天才团队的产生。飞利浦公司奖励那些在自己部门以外工作的员工，而且不允许员工在整个职业生涯中都待在同一个地区或产品区域。最终，卡尔·维克1969年提出的"松散耦合"组织的设想正在成为现实。

10. 评估正确的举措

你怎么知道你成功地创建了一家创新公司？有没有办法衡量企业的创新？最古老、最流行的方法是确定在研发上的总花费。博

兹·艾伦·汉密尔顿（Booz Allen Hamilton）2005 年的一项研究结果
分析了全球 1 000 家大型企业在研发方面的支出。研发支出的数量与
销售增长、毛利润、营业利润、股东总回报这些通常用来衡量业绩
的标准完全没有关系。同一项研究还发现，公司获得的专利数量与
公司的商业成果之间没有关系。

从合作型组织的角度来看，这并不奇怪。问题是对于研发支出
的定义本身，这些公司期望所有的新想法都来自一个仍然使用旧的
线性创新模型、被称为"研究和发展"的独立团体。而在合作型组
织中，创新通过公司进行扩散，而不是在单独的部门中进行。合作
型组织在所有部门和各层级都具有创造性，它们不希望创意来自独
立的部门。这就是研发支出在整个组织中最有效的原因，在跨职能
合作的领域（比如创新实验室），那里的工程师、营销、销售、服务
和制造之间的界限被打破了，合作使创新过程的每一步都运行得更
好：选择最有前途的新想法，在开发过程中调整项目，从设计过渡
到制造。

衡量创新的第二种方法是计算专利数量，2014 年，IBM 获得了
7 534 项专利，处于领先地位。但我们已经知道，专利和创新不是一
回事。很少有专利能直接转化为成功的产品。罕见的例子包括名牌
药物，如伟哥和西乐葆；以及转基因种子，如孟山都公司的抗农达
系列。大多数成功的创新都是许多独立想法的复杂组合。专利并不
重要，重要的是将它们结合在一起的协作系统。

衡量一个组织创新潜力的最佳指标是它如何成功地创建了一个
合作型组织。这就是为什么在宝洁、默克公司和第一资本公司使用

一种叫作"社交网络"的工具。它提供了定量措施，规划设计特殊合作型组织内那些不出现在组织图内的非正式互动。《哈佛商业评论》刊登的一项研究，利用了网络分析以确定组织中最强的合作者。研究发现，领导者通常会对名单上至少一半的名字感到惊讶。

2015年，微软收购了组织分析公司VoloMetrix，它的关键特性是能够显示员工、团队和外部合作伙伴之间的社交网络。它通过分析工具来识别联系人，这些工具包括电子邮件、日历、社交平台和业务应用程序。与以往分析社交网络的工具不同，VoloMetrix跟踪员工在每种协作活动中花费的时间，并提供组织突发和计划外协作的可视化地图。

除了研究社会网络的关联性外，另一个方法就是看它们如何管理信息。在新环境下能被重新解释和重复利用的知识，以及帮助我们用新颖方法处理信息的工具将有助于创新。但是，正如上一章所述，在传统的思维方式下，知识管理存在很多问题。最突出的问题是，计算机的数据库系统只能存储那些经严格结构化的确切信息，但是创新往往需要未成文的隐性知识。尽管识别这样的信息是极其困难的，但组织必须得去做。

合作型组织的前9个特征为我们提供了评估公司创新潜力的多种方式。首先，组织花在小规模探索性项目中的时间应当是越多越好，最高可达员工工作时间的20%；其次，项目开发周期的平均长度应当越短越好；最后，组织应当赞美和欣赏失败。简而言之，频繁失败，及早失败，坦然面对失败。

开放、互为连通的社会网络能孕育伟大的创新。但为什么合作活动在公司里处处碰壁呢？为什么不拓宽公司的合作关系，把客户、供应商以及其他关键的商业伙伴吸收到合作网络里来呢？许多创新产生于公司的外部网络，来自分散的、分布式的，甚至不易觉察的合作，我们称之为"合作网"，正如在 20 世纪 70 年代，无形的合作带来了山地车的发明一样。在第 9 章，我们将首先了解跨公司的外部合作型组织的十大特征，然后学习如何挖掘合作网的潜力。

GROUP GENIUS
成为创意组织 ——————————————

合作型组织的十大秘诀

1. 同时进行多种尝试

2. 设立突击队

3. 为创造性会谈开辟空间

4. 为创意的出现提供时间

5. 管理即兴创作的风险

6. 在混乱的边缘即兴创作

7. 为创新而进行知识管理

8. 建立密切的关系网

9. 打破组织内的界限

10. 评估正确的举措

09

合作网，
超越孤独的天才

跨公司的外部合作网有什么特征？
如何挖掘合作网的潜力？

1879 年，亨利·乔治（Henry George）出版了《进步与贫困》（*Progress and Poverty*）一书，这本书迅速成为一本畅销书，引发了有产者的内心恐慌。《旧金山纪事报》（*San Francisco Chronicle*）称赞这本书是"影响半个世纪的书"，达尔文进化论的共同发现者阿尔弗雷德·拉塞尔·华莱士（Alfred Russell Wallace）也感叹这本书是"19 世纪最卓越、最重要的书"。目前该书发行量已经超过 300 万册，是最畅销的经济学书籍之一。

令有产者如此惶恐的是书中涉及的一些激进观点：乔治认为对土地和房屋付地租不仅不道德，而且对经济发展不利。地租剥夺了工人的工资，从而导致了他们的贫穷。乔治的解决办法是只征收土地单一税，免掉其他的所有税赋（包括个人所得税）。他相信单一税制能带来土地的集体所有制，支持该观点的人被称为"单一地税者"。然而，"单一地税者"遭到强势镇压，运动以失败告终。

弗吉尼亚教友派信徒莉齐·麦基（Lizzie J. Magie）捕捉到了这一创意并且使它产生了历史影响，尽管并不是以乔治所设想的那种方式。1903 年，也就是乔治死后 6 年，麦基发明了一种棋盘游戏来宣扬单一地税的优点，也就是"地产大亨游戏"（The Landlord's Game）。

参与者从棋盘右上角的"大地"开始，沿着棋盘边缘前进，并抽取卡片，卡片上写着"乞丐的庭院"和"安乐街"等，还有像"苏可姆照明公司"这样的资产。毫无疑问，该游戏的目的就是要揭露资本主义的罪恶。最初的共有土地转让权有两套规则：一个是资本主义制度下的，另一个是单一地税制度下（所有的地租都作为公共基金，用于提高员工的工资水平；铁路和公益性设施是免费的；帝王贵族的房地产也变成了免费公立学院）。麦基试图把游戏推荐给帕克兄弟（Parker Brothers），但遭到了他们的谢绝。于是，她与教友派朋友分享这个游戏。许多教友派信徒是忠诚的单一地税支持者，这款游戏受到全国越来越多的教友派社团的欢迎。截至 1910 年，这款游戏甚至传播到了沃顿金融学院（Wharton School of Finance），社会经济学教授斯科特·尼尔林（Scott Nearing）借用该游戏教授学生。

这款游戏迅速在教友派信徒、学生以及几乎全国的所有大城市流行起来。因为没有现成的游戏道具，游戏参与者不得不在亚麻布或油布上自己绘制游戏。至于棋子，人们可以使用屋子里的任何东西。所有游戏参与者都能修改棋盘和游戏规则，例如，游戏抵达一个新城市时，棋盘上的所有方格都以当地主要大街的名字命名。当露丝·霍斯金斯（Ruth Hoskins）调到大西洋沿岸新泽西州的教友派信徒学校执教时，同时也把游戏引入到那里，与其他城市一样，当地游戏参与者也用大西洋沿岸城市的大街名称绘制他们自己的棋盘。

到 1930 年，这个游戏已具有了麦基 1903 年版本所没有的一些特征。方格用当地大街命名、资产被分成3份，这样垄断权就可以被买卖，还加入了"社会福利基金"卡。麦基版本的"大地"被重命名为"开始"，游戏的名字也改为"大富翁"。

1933年，经济大萧条时期，一个住在宾夕法尼亚州德国移民社区里的失业维修工查尔斯·达洛（Charles Darrow）与教友派朋友一起玩这个游戏。达洛预感到这个游戏大有市场，他声称自己是游戏的发明者并申请了专利，并于1934年12月把专利权卖给了帕克兄弟。不出3个月，它就成为全国最畅销的棋类游戏。帕克兄弟发明的棋子形状有熨斗、帽子、靴子和套筒，符合教友派信徒用日用品代表棋子的传统。

达洛虚构了一个他如何发明这个游戏的故事：一次他恰巧读到一本讲述一个男孩被预备学校开除后到商业学校学习经商的书，书中写到，老师用这样的方式教授学生商业规则：发放给学生碎纸片，允许他们用纸片作为钞票购买存货。帕克兄弟到处宣扬这个虚构的故事，以吸引公众对游戏的关注。直到20世纪70年代，当帕克兄弟控告一位名叫拉尔夫·安斯波（Ralph Anspach）的经济学教授非法出售"反大富翁"时，安斯波把官司打到最高法院，真相才大白于天下。1983年，经过教友派信徒出庭作证，最高法院最终剥夺了帕克兄弟的专利权。

今天我们痴迷的"大富翁"是大家数十年共同努力的成果，从教友派、大学生联谊会的会友到经济学教授以及维修工，都为之做出了贡献。它逐渐被从印第安纳波利斯直到费城的人们所认识与了解。它产生于一个合作网，这是个热衷于该游戏的松散的非正式网络。游戏参与者按照他们认为合适的方式更改游戏规则，但没有人负责控制整个过程。创意自由地传播，最终将是适者生存。帕克兄弟的贡献是发现了这个商机，把它包装成一款完整的游戏并成功地在市场上出售。即使帕克兄弟制定了正式的游戏规则，游戏参与者照样可以更改游戏规则，这已成为一个延续至今的传统。每年都有一个新版的"大富翁"游戏发行，其中包括塔吉特百货公司迈克尔·格雷夫斯（Michael Graves）设计的"大富翁"和2003年的"痞棍王"（Ghettopoly）版本。从某种角度上说，我们都是合作网的参与者。

开发合作网的创新潜能

达洛捏造了自己如何发明"大富翁"的故事之所以如此流行，因为他所谓的创新方式与人们认为的创新发挥作用的方式恰好吻合。首先，一个富有创造力的人提出创意，并发明出基于创意的作品（当达洛读到商业学校有关货币的书籍时，他把这项活动演绎成了游戏）；其次，执行者和管理者精选出有市场潜力的游戏加以开发（帕克兄弟筛选了数以百计的游戏，最终挑出最有潜力的）；最后，专家组把创意开发成可经营的产品并在市场上发行。

但这个创意并不是达洛的作品，而是产生于合作网。帕克兄弟的判断力也不太好，他们不仅拒绝了麦基1903年的创作版本，而且当达洛第一次推销"大富翁"时，就给予拒绝，他们告知达洛游戏有52个设计错误，并且规则太复杂。直到达洛印制了5 000份并全部出售给位于费城的沃纳梅克（Wanamaker）百货公司后，帕克兄弟的强硬态度才有所改变。

217

其他线性创新的故事也像捏造的"大富翁"的故事一样不真实，例如电视的发明。费罗·法恩斯沃斯（Philo T. Farnsworth）在14 岁的时候突然迸发出一个创意。那是 1920 年的夏天，这个老成的少年在爱达荷州的土地上耕作。当他看到耕犁留下的长长的密密麻麻的平行线时，意识到可以首先在摄像机里把整个图像分解成一连串的水平线，然后通过电路一条条传输出去，并在电路的另一端接收，最终重新组合成图像。在他高中物理老师的帮助下，他解决了技术细节：摄像机从左向右扫描图像，然后移动微小的几乎不易觉察的距离，紧靠着扫描下一条线；摄像机不停地重复同样的动作直至全部扫描完。在这个例子中，犁沟好比就是电视屏幕上的水平扫描线。

问题是这种方式看到的只能是静止图像。要能传输动态图像，法恩斯沃斯意识到系统必须能够在 1/10 秒内扫描完整个屏幕（1/10秒是人眼能保留图像的最长时间），并且 1 秒内至少传输 10 张新的图像。

法恩斯沃斯 19 岁的时候从大学辍学，说服了两个有钱的投资者资助他的创意，还成立了一个实验室，最终把他在犁地时发现的创意变成了现实。1927 年，他把摄像机和屏幕分别安置在两间房里，并用电线相连。9 月 7 日，他妹夫帮助他操作摄像机，法恩斯沃斯在另一房间里呼喊他把一条粗黑线的图像放到摄像机前方。果真，图像出现在法恩斯沃斯这一端的屏幕上。"把幻灯片旋转 1/4 角度。"法恩斯沃斯又提出新要求，这时屏幕图像也跟着变化。法恩斯沃斯非常兴奋地说："这就对了，朋友，我们成功了，这就是电视！"

然而，这种凭借个人智慧就能完成的线性创新神话是徒有虚名的。法恩斯沃斯并非唯一的发明者，还有一群起关键作用的参与者，电视机的发明与合作网是密不可分的。彼时四年前，也就是1923年，华盛顿州的查尔斯·弗朗西斯·詹金斯（Charles Francis Jenkins）成功地将哈定总统（Warren G. Harding）的图像通过电波从华盛顿传输到费城，给一群高级海军官员留下了深刻的印象。1923年，从1917年俄国革命逃出来的落难贵族兹沃雷金（Vladimir Kosma Zworykin），以他所在的美国无线电公司的名义申请了电视专利。几乎同期，德国、匈牙利、加拿大和日本的团队也纷纷申请了电视专利。

所有这些团队的工作都建立在数十年积累的一系列承前启后的重要发明的基础上。关键的一步发生在1872年，当时，约瑟夫·梅（Joseph May）和威洛比·史密斯（Willoughby Smith）发现灯光可以转化为电流。第二步发生在1880年，法国工程师莫里斯·勒布朗（Maurice LeBlanc）意识到，由于人眼对所看到的信息的最长保留时间是1/10秒，只要图像能够被逐行扫描，而且平行的扫描线能够及时地被传输出去并重新组合起来，人眼感觉起来就是完整的图像。在这一点上，大家都认识到成功的关键就是实现在1/10秒内完成图像传输并进行重新组合。1880年至1920年期间，一个国际工程师团队一直致力于这项工作。1908年，英国工程师坎贝尔·斯温顿（A. A. Campbell Swinton）用阴极射线扫描图像，20世纪20年代，法恩斯沃斯、詹金斯以及兹沃雷金创作的电视机都继承了这一创意。

到20世纪20年代末，由于媒体的广泛报道，人们已很熟悉这些电视机系统，然而致力于电视机研究的工程师一致认为，上述有关电视机的系统设计都不能被商业化。但是美国无线电公司的总裁戴维·萨尔诺夫（David Sarnoff）一直没有放弃。他花了十几年时间，耗资500万美元，最终在1939年的纽约世博会上推出第一台可以商业化的电视机。

理解创新的关键是意识到合作网比创新性人才更重要。当然，创新性人才在合作网中起着重要作用。然而在当今的经济环境下，大部分活动都离不开网络，在网络活动中，每个人的创新能力都得到增强，以至于整体的力量大于各部分力量之和。从"大富翁"到复杂的电视机，从山地车到电报、再到进化论，每一项创新都产生于合作网。为了更大限度地发挥个体的创新潜力，你必须改变传统的线性创新的思维模式，转而开发合作网的创新潜能。

集群激发合作网的巨大力量

尽管"大富翁"和电视的故事已发生了将近一个世纪，但它仍旧能启发我们如何进行创新，即便是采用最先进技术的行业也不例外。下面讲述一个前不久发生的有关两个城市的故事。

在20世纪70年代，波士顿地区经济衰退。国家的重要经济基础衰落，数十年来，美国东北部地区经济呈现不断下降的趋势。这个地区被称为"生锈地带"，这是个令人不悦的术语，专指那些以关闭的工厂、破败的桥梁和基础设施为特征的工业化地区。然而20世纪70年代后期，波士顿看到了一线希望：麻省理工学院带动的新计算机产业沿着波士顿地区的128号环形公路兴起。商业界掀起计算机购买高潮，计算机的价格和尺寸也显著下降。20世纪80年代早期，小型计算机开始挑战IBM公司的大型机，而波士顿一跃成为最新型计算机小型机的中心。

但最终，128 号公路并没有取得成功。截至 1990 年，那里的计算机公司要么破产，要么处于寻求生存援助的边缘，例如文字处理程序的制造商王安公司、曾一度流行的小型计算机的制造商阿波罗（Apoua）和普瑞公司（Prime），以及波士顿地区最大的两家公司：美国数字设备公司和通用数据公司（Data General）。

斯坦福大学也培育出一个计算机公司集群，位于旧金山市南部的圣克拉拉山谷地区，人们称之为"硅谷"。20 世纪 80 年代，与 128 号公路相似，硅谷依靠风险投资兴盛起来。但到了 20 世纪 90 年代，当 128 号公路经济衰落时，硅谷却保持高速增长。那么，波士顿为什么遭遇失败呢？

硅谷文化鼓励构建合作网络。有一些酒吧，半导体行业的每个人都会在那里逗留，例如，享有盛名的马车车轮餐厅（Wagon Wheel Restaurant）和山景城（Mountain View）地区的娱乐场所，在那里，工程师们相互求教并共享信息。首席执政官们认为拨通竞争者的电话，请求对手帮忙解决棘手问题是很正常的事。相比之下，位于 128 号公路的公司不允许员工们与其他公司的人共享信息。的确，员工都清楚那样做会被告上法庭。公司成文的方针政策阻止员工参加同业公会。128 号公路附近的大公司都在闭门造车，而硅谷是由一些重视培育紧密的承包关系和合伙关系的小公司组成的网络。128 号公路附近的公司，当员工离职时，会施行员工禁止加入竞争性公司的条款，而在硅谷员工频繁地跳槽，那里的公司规模如此小，以至于像一句玩笑话所说的："你跳槽时甚至都不必更换停车场。"

在马萨诸塞州，所有的公司都有强烈的独占欲望。而在硅谷，充满活力的合作网带来的是集体学习和系统性适应，这使得网络中每一个人都更具有竞争力。硅谷的成功印证了经济学家所说的当地合作网——"集群"的实力。美国工业发展到最高点时，马萨诸塞州的阿特尔伯勒被称为"珠宝之城"，密苏里州的圣路易斯被称为"鞋都"。当然也有很多其他行业的著名案例，比如底特律的汽车业、纳什维尔的乡村音乐产业、好莱坞的电影业以及康涅狄格州哈特福德的保险业。美国之外的著名工业集群包括意大利北部的服装皮具工业带，其中包括制鞋公司菲拉格慕（Ferragamo）和古驰集团（Gucci），连同专业化的机床和皮革制品的供应商，还有荷兰的鲜花工业区以及日本的消费电子产品工业区。

集群现象的成功似乎有违常识，人们通常会认为，珠宝公司或者制鞋公司分布在不同的城市而不是紧邻竞争者更为合情合理。工商企业成群扎堆反而使每家公司更为成功，其原因在于集群导致合作网最大限度地发挥了作用。合作网的巨大力量来自很不起眼的地方——员工逗留的当地酒吧、校友会关系网以及员工的频繁跳槽。

在这些工业集群地带，信息高效地自由流动，促使所有的公司更加成功地发展。从一家公司的角度看，信息外流是一种损失，但是从整个合作网的角度，信息流动增加了创新的总数量。即使是一家倒闭的公司也能最终导致其他公司更迅速地成功，因为合作网会从失败中吸取教训，那些失业的职工也可以在其他公司找到新工作。

在19世纪，英国经济学家阿尔弗雷德·马歇尔（Alfred Marshall）第一个研究了集群现象。他的研究案例是英国兰开夏郡南部的钢铁工业区。那时候，互联网、喷气式飞机、电视机和电话都还没有出现。人们往往认为，信息技术可以让地理分布变得不那么重要，但集群在今天与在工业革命时期同等重要。硅谷增强了它在技术上的统治地位。1995 年，大约 30% 的风险投资流向了湾区的公司。这一比例到 2015 年为 50%。就像历史上所有的集群一样，湾区汇集了所有的关键要素：风险资本家、庞大的人才储备、拥有丰富经验的管理人才和技术精湛的专业人才的大型企业，以及斯坦福大学源源不断的新创意和新人才。即使是在旧金山湾区以外的地方进行创业的公司，为了从合作网站中获益也往往会搬到那里。

共享创意带来合作网的成功

20 世纪 80 年代早期，有两个互相竞争的计算机互联网标准。IBM 公司支持令牌环（Token Ring），一组小规模公司包括数据设备公司、英特尔、施乐却主张以太网。虽然令牌环起初在技术上占优势，以太网却最终胜出，因为它的倡导者们鼓励新公司加入合作网，其中有 3Com 公司和 Bridge Communications 公司。IBM 公司积极设法阻止其他公司分享令牌环，以防止网络标准的形成。由于 IBM 公司一心想成为设备的主要供应商，没有考虑到信息接口与其他厂商产品的兼容问题，截至 1989 年，令牌环公司只有 20 多家，而以太网公司已经发展到 200 多家。20 世纪 90 年代早期，新公司思科开发了以太网的改进技术，而且其所在的合作网最终促使以太网在技术水平上超越了令牌环。数百家小公司组建的合作网比一个拥有高效率实验室的 IBM 公司更具有创新力。当今大家普遍应用以太网，令牌环已成为历史。

1975 年，索尼研发并上市了第一款录像机：Betamax（一种大尺寸磁带录像系统）。1976 年，索尼的竞争对手，日本 JVC 公司推出一款家用录像机（VHS），一开始被一致评为劣质品。然而，家用录像机最终胜出，据说是由于它价格更低，而且公司很善于市场营销。但真实原因是，1976 年，JVC 公司做出了一项重要举措：与其他公司共享自己的技术，形成合作网。相比之下，索尼认为以独占的方式取得控制权能赚取更多利润。这又是一个合作网战胜了独占方式的例子。到 1984 年，有 40 家公司选择 VHS 标准；只有 12 个采用 Betamax 标准。截至 1988 年，索尼不得不认输，转而采用 VHS 标准。

并不是新技术的出现促使合作网突然间变得重要起来。几乎每个具有历史意义的创新都产生于合作网，但我们讲述的那些虚构的故事往往忽略了这一点。在第 1 章中，我们讲述了莱特兄弟如何建造第一架可驾驶的飞机的故事。他们没有申请"飞行"专利，而是对关键创新——通过前后扭曲整个机翼的方法来实现横侧向控制，申请了专利。1903 年的第一次飞行证实了合作的力量，诠释了合作是如何建立在先前的发明基础之上的。然而，第一次飞行之后，兄弟俩试图独占技术，这几乎断送了美国航空产业的前途。

试飞之后，莱特兄弟不是展示自己的新发明，反而隐居在代顿地区，谢绝媒体采访，拒绝摄影师靠近他们用于反复改进试验的农场。这期间，他们集中精力忙着与军方签订合同。

1907 年 9 月 30 日，因发明电话而名扬四海的亚历山大·格雷厄姆·贝尔（Alexander Graham Bell）出资 20 000 美元建立了航空试验协会，这个协会召集了一群航空技术热爱者，协会的目标是设计可投入使用的飞机。他们打算制造出第一架能飞越 1 000 米直线距离的飞机，以摘取《科学美国人》杂志的奖项。第一架飞机"红翼"的设计者是托马斯·赛尔弗里奇中尉（Thomas Selfrigde），1908 年 3 月 12 日在纽约的哈蒙兹波特进行飞行测试。飞机的外形看起来很像莱特兄弟的飞机，但为避免侵犯莱特的专利权，飞机的横侧向控制没有采用机翼扭曲的方法，取而代之的是一个桁架设计，这种设计使得飞机的整个机翼能上下弯曲。航空试验协会的会员凯西·鲍德温（Casey Baldwin）紧接着设计了飞机"白翼"，这款飞机采用了轮式起落架，用于副翼进行横侧向控制，机翼的后缘有绕轴旋转的翼面。

航空试验协会此后问世的一款飞机是格伦·柯蒂斯（Glenn Curtiss）的"六月金龟子号"。1908 年 7 月 4 日，柯蒂斯飞行距离超越了 1 公里，还因此赢得了《科学美国人》的奖项。莱特兄弟根本没能进入比赛，因为他们的飞机没有轮式起落架，因而只能从一个专门的铁路轨道上起飞，不能从平地上起飞。1909 年，柯蒂斯驾驶他的飞机亮相之后，莱特兄弟提起了专利权诉讼，声称他们先前申请的专利权包括所有的横侧向控制系统。如果莱特兄弟胜诉的话，这意味着所有能飞行的飞机都将侵犯了他们的专利权。柯蒂斯予以还击，极力辩解莱特兄弟的机翼扭动专利权不包括他设计的副翼。

1913 年，也就是威尔伯死于伤寒一年后，联邦法庭判决奥威尔胜诉，禁止柯蒂斯再用副翼建造飞机。不久，柯蒂斯设计了一款新飞机，参考了 1899 年塞缪尔·皮尔庞特·兰利（Samuel Pierpont Langley）的飞机设计。兰利的设计思路比较闭塞，柯蒂斯在这方面更专业，他解决了设计上的缺陷并飞行成功。这样一来，柯蒂斯就可以申请该项发明的优先权，在一个律师的帮助下，这场官司一直拖延到第一次世界大战。

在这期间，欧洲的合作网已经形成。英国、法国、德国的航空业正在兴起，这些国家持续不断地创新，把美国远远甩在了后面。1913年，生产飞机发动机的巴伐利亚机械制造厂（宝马公司）成立，著名的蓝白相间的内外双圆圈的标识代表螺旋桨。当美国1917年加入第一次世界大战时，这场持续9年的官司战才结束。外界大力鼓励莱特和柯蒂斯组建一个专利权联营，共享发明和创意。

航空试验协会是一个合作网，作为其中的一员，柯蒂斯的创意赶上并超越了莱特兄弟的原设计。柯蒂斯第一个把飞机卖了出去，第一个驾驶飞机从一个城市飞到了另一个城市，第一个获得了航空驾驶证。当今副翼设计被广泛应用，这比莱特兄弟的机翼扭动设计高级多了。柯蒂斯的飞机设计，首次采用可收缩的着陆滑轮和可在水面上起落用的浮筒。与莱特兄弟不同的是，柯蒂斯与整个航空界共享他的发明。飞机的演化是世界范围内的合作网促成的，改进网络从美国一直覆盖到欧洲各国，当然也包括莱特兄弟在内。这个网络在莱特兄弟飞行前后的20年内逐步得以成长，并延续至今。

合作网的五大核心特征

"大富翁"、电视机和计算机软件，每一项创新都是在合作网的推动下产生的，这些例子揭示出合作网的五大核心特征。

1. 每项创新都建立在以往创新的基础之上

市场上出现的成功创新产品很少一上市就已完全成熟。消费者只看到最终出现的成功产品，却很少注意产品出现之前零星创意的长期积累过程。我们知道伊莱·惠特尼（Eli Whitney）发明了轧棉机，但实际上轧棉机传到美国南部之前，印度和意大利早已先后应用过，惠特尼的发明建立在积累了几个世纪的创意之上。瓦特发明了蒸汽机，但他的发明仅仅是一系列蒸汽机设计中的一款，远在瓦特之前，纽科门的蒸汽机早已在世界范围内广泛应用。

2. 成功的创新是诸多智慧火花的结晶

"大富翁"游戏中最经典的设计，来源于不同时期不同人的创意，比如"入狱"方格的玩法、游戏中聚集资产的创意等，将所有的好创意综合起来，才导致了这个最畅销的棋盘游戏的产生。

3. 在合作网中，团队之间频繁互动

参与"大富翁"游戏的大多数人是教友派成员，他们经常访问其他城市，学习当地的游戏新版本。在硅谷，每个团队的成员都能目睹其他团队的工作进展情况，关键岗位的员工频繁地更换工作，使专业知识在团队间扩散。在惠普，公司每隔几年就会安排工程师在不同的项目之间穿梭。在 3M 公司，工程师每隔几年就被轮换到一个新的部门。陶氏化学将其员工重新分配到不同的职能部门、企业甚至是地区。即使每天简单的互动都有助于建立协作网络，谷歌的人力运营部门发现，那些每天和不同的人一起吃午餐的员工往往最有效率。

4. 合作网中，多样化的发明是普遍现象

麻省理工学院媒体实验室共同创办者之一的尼古拉·尼葛洛庞帝

（Nicholas Negroponte）认为，创新是低效率的。放在大环境中考虑，两家公司开发两套具有竞争性的标准（Beta 和 VHS）是资源浪费。20 世纪 20 年代，为数众多的团队同时发明了电视机，以太网最终成为占支配地位的互联网标准，令牌环消失在历史长河中。如果没有多方人员的同时努力和频繁的失败，创新就无法实现。

5. 没有哪家公司能独占合作网

大多数创新网络的典型特征是，独占式思维模式向合作型模式转变。试图单打独斗的公司最终会失去一切。索尼不得不放弃 Betamax，IBM 公司不得不放弃令牌环。一些公司仍旧试图独占一切，它们等待创新出现，然后买断出现的所有新产品。帕克兄弟出售"大富翁"游戏发财后，买断了当地所有游戏版本的专利权。即使帕克兄弟拥有了所有版本，也不意味着他能独占整个网络、独占全球范围内将来会出现的创新版本。这也许就是拥有鹅和金蛋的区别。

管理人员必须允许来自公司、客户、供应商，甚至竞争对手的创新出现。在 20 世纪的大部分时间里，创新都是由拥有大型研究实验室的大公司主导的，但那个时代已经结束了。成功的公司仍然在研发上投入巨资，但与其他公司在合作网络上的创新也在增长。

从阿帕网到互联网

20 世纪 60 年代至 70 年代，美国国防部资助阿帕网（ARPANET）的建设。20 世纪 60 年代计算机体型巨大而且价格不菲，必须安置在装有昂贵的环境控制系统的场所。每台计算机能同时支持 50 个用户，用户们通过电传打字机终端进行登录，当然必须有固定的电子线路把每间办公室与计算机连接起来。

美国国防部推断，如果每个地方的用户都可以登录到其他地方闲置的计算机上运行程序，那么就可以少配置一些计算机。例如，假定某个学期，斯坦福大学的教授上课时间大部分安排在周一和周三，而麻省理工学院大部分在周二和周四。那么斯坦福大学的计算机周一下午就会闲着没事干。如果借助阿帕网，麻省理工学院的教授就可以把一半的工作任务分派给斯坦福大学，周二的时候再归还使用权。要做到这一点，马萨诸塞州地区剑桥的终端要与加利福尼亚地区帕洛阿尔托的机房连接起来，反之亦然。

研发者的另一个目标就是能尽可能快地通过电子方式发送数据和应用程序。20世纪70年代早期，研发者们测试不同的文件传输程序，最终选中了一个标准——文件传输协议（FTP）。这个协议允许不同地方的科研者互相传输即时文件。对于文本文档，例如信件和科普文章，文件传输协议的速度当然比美国邮政系统快。但是，真正的飞跃式进步是计算机程序的传输，在文件传输协议出现之前，传输程序的唯一方式是先把他们录制在磁带上，然后邮寄磁带。

雷·汤姆林森（Ray Tomlinson）是早期阿帕网的开发者之一。汤姆林森在马萨诸塞州坎布里奇市的BBN咨询公司工作。BBN刚建立时，是个音像制品公司，但现在的业务已扩展到互联网和计算机。20世纪70年代，它发展成为阿帕网最大、最重要的承包商。汤姆林森曾致力于开发能在同一台计算机上实现信息互发的操作系统，这个本埠邮件程序叫作SNDMSG（Send Message）。他还尝试了称为CYPNET的早期文件传输程序，并想到了一个创意：如果想给阿帕网内的另一台计算机传送即时消息，可以修改 SNDMSG 程序，这样就可以用 CYPNET 向另一计算机发送消息。然而，要实现这一功能不得不增加一个小功能：发送者需要一种方式告诉接受者正与谁联系。汤姆林森一时兴起决定引入符号 "@"。他用下班时间开发了这个程序并在 1971 年下半年与同事分享。汤姆林森并不是很重视这个程序，毕竟仅仅是个短期内开发的粗糙的后门程序。

汤姆林森的程序迅速流行起来。1972 年，它被嵌入到操作系统中，这样阿帕网内的每台计算机都必须安装该系统。不久，汤姆林森的后门程序被一款采用文件传输协议专用于传输邮件的版本取代，但其他编程者仍然沿用了汤姆林森的邮件标志。截至 1973 年，在 "@" 符号被赋予新的含义不到两年的时间里，互联网上 75% 的通信内容是传输电子邮件的。

在 20 世纪 60 年代后期规划和资助阿帕网的专家们完全没有想到会是这样。互联网的最初设计根本没有电子邮件功能，官方没有授权汤姆林森程序的合法性。事实上，20 世纪 70 年代的大部分时间，美国国防部认为电子邮件非法占用了计算机的宝贵资源；毕竟，阿帕网原本应该用于政府活动，然而众所周知，很多邮件都是关于音乐、闲聊、哲学和社交活动的。电子邮件最终生存下来的重要原因，是它促使更多的科研站点参与了网络。

那到底是谁发明了电子邮件呢？离开阿帕网，电子邮件的出现是不可能的，可阿帕网的最初设计者并没发明它。虽然汤姆林森迈出了重要的一步，引入了今天为人熟知的符号 "@"，然而他的发明只不过是两个现行程序的结合。汤姆林森的发明迅速被新版本取代，我们今天使用的电子邮件系统早已不是建立在 SNDMSG 和 CYPNET 基础之上，因为一旦一种思想被认可，其他的编程者会开发更有效的邮件传递程序。然而，没有最初阿帕网的建立，所有这些只不过是空中楼阁。多亏合作网把这些互补的发明集合起来，才导致了网络的出现。

尽管摩尔斯发明了连接巴尔的摩与华盛顿的电报，但当时电报不能立即投入使用。电报机的发明要投入使用，需要诸多互补的发明，包括：计费系统、电报码、中心与周边的辐射状交通系统，以及一群负责在发送者与接受者之间传递亲笔消息的电报员。托马斯·爱迪生和安德鲁·卡内基都是电报员出身。爱迪生的发明电灯是互补发明的另一个经典案例。电灯是一个绝妙的创意，但它一开始没能取代汽油灯，直到发明了螺旋槽、保险丝、发电和配电方法。每项创意都代表着不同人或团队的共同努力。爱迪生团队的最终成功，归功于他们首先把所有的创意整合成为成功的系统。创新不是孤立的现象，只有在合作网的推动下才会成功。

在即兴创作时，如果演员试图猜测台词以及如何回应，将会不时出错，在演出时不得不推翻自己的猜测。这样的错误称为"打腹稿"。同样，经理们常犯的错误就是程序化地预测合作网如何扩展，并事先规划好自己的角色。盒式磁带录像机的发明者认为这款机器主要用于播放电视节目，而实际上消费者主要用于播放租用的电影录像带。

如今无所不在的蓝牙通信标准背后的技术，是美国海军在第二次世界大战中为无线电控制的鱼雷发明的。该创新的核心要素是"跳频技术"（FHSS）：跳频使敌人更难干扰信号并转移鱼雷。FHSS 的发明者是一位钢琴家，在他 1942 年的专利中，信号在 88 个不同的频率之间跳动，就像钢琴上的键数一样。

20 世纪 90 年代，瑞典电子公司爱立信正在寻找一种方法来摆脱"串行线缆"，即每个人都可以用它在电脑和打印机、传真机等办公设备之间传输数据，而且决定将 FHSS 作为其无线标准。新无线标准的发明者吉姆·卡尔达克（Jim Kardach）是维京故事的粉丝。他以 10 世纪丹麦国王哈拉尔蓝牙王（Harald Blatand）的名字命名，蓝牙的标志结合了古日耳曼字母 H 和 B。因为爱立信向所有人公开了蓝牙的标准，所以 20 世纪 90 年代像耳机、键盘、音箱、任天堂 Wii 和索尼 Playstation 3 控制器，以及健身追踪腕带的使用超乎想象。合作网络是不能规划的，其结果也是不可预测的，成功或失败取决于紧密联系的人与组织的行动。

强大的 Q 值：亲密度与创新

合作网的理想结构是什么？这是一门新科学，是社会网络的学者们孜孜以求的问题。西北大学的布莱恩·乌齐（Brian Uzzi）和斯坦福大学的贾勒特·斯皮罗（Jarrett Spiro）在 2005 年的一项研究中回答了这个问题。他们集中精力研究了名扬四海的创新工业区：20 世纪的百老汇音乐剧行业。每部作品由 6 位艺术家组成的团队进行创作，包括曲作者、词作者、负责情节和对白的剧本作者、舞蹈编排者、导演和制片人，每个项目都对应于一个新团队。乌齐和斯皮罗收集了自 1945 到 1989 年期间全部音乐剧中有关友谊、合作、团队成员方面的完整数据，这段时间是创作的黄金时期，在此期间，艺术家科尔·波特（Cole Porter）、安德鲁·劳埃德·韦伯（Andrew

Lloyd Webber）以及鲍勃·福斯（Bob Fosse）的杰出作品相继问世。他们收集的资料库里囊括 2 092 位艺术家和 474 部音乐剧，平均起来，每年有 500 位艺术家积极参与创作。

因为大多数艺术家不止负责一部音乐剧，所以团队间存在密切的非正式联系。每位艺术家的平均联系人数（也就是每位艺术家在过去的 7 年中，与多少位负责其他音乐剧的艺术家联系过）是 29。这导致一个网络研究者所说的"小世界网络"（Small World Network）的产生，也就是内部联系紧密的小型团体，相互之间保持着较为松散的联系，乌齐和斯皮罗演绎出字母"Q"，用来量化整个音乐剧行业互联关系的密切程度。当 Q 值较低时，团队之间的联系较少，也不牢靠。当 Q 值较高时，越来越多的团队成员与外部团队发生密切的联系。如果 Q 值非常高，相当多的团队成员发生了外部联系，每个人都会频繁地与他人合作。

乌齐和斯皮罗起初打算解决的问题是：当 Q 值处于什么水平时，音乐剧产生的创新最多？因为掌握了 40 多年的数据资料，他们能够根据声誉和盈利这两个指标，评估出音乐剧创新较多的年份与较少的年份，并进行比较。

研究结果引人注目：结果表明，联系当然是越多越好，但有一个上限。一旦超过那个上限，过多的联系就会妨碍创新的出现。Q 值处于低水平时，团队之间互相隔离，艺术家之间不存在互助合作，该产业的创新就不如高 Q 值时多。理想的 Q 值是 2.6，此时，音乐剧获得成功的概率相当于 Q 值为最低值 1.4 时的 2.5 倍，表演获得好评的概率相当于 Q 值低时的 3 倍。高于这个理想值，成功的可能性会降低，因为太多的联系会阻碍创新。这也总比没有任何联系好，当 Q 取中间值，合作网的创新数量会达到极大值，此时团队之间存在互相联系，但联系不应过于密切。风险在于团队可能会陷入超负荷协作的困境。弗吉尼亚大学教授罗布·克罗斯（Rob Cross）发现，敬业度和职业满意度最低的管理者或者员工，80% 以上的时间都花在了合作活动上。虽然成功的百老汇团队与其他 29 位音乐家有联系，但他们的团队只有 6 名成员。克罗斯的研究发现，与超过 25 人的任何事物有密切联系会降低效率。他们发现，有些员工竟然与 100 人有密切联系！

联系使团队不断接受新的创新信息。但如果网络是完全互联的，创意缺乏多样性，合作网将有趋向墨守成规的风险。先前的调查表明，头脑风暴法往往导致群体思维，创新力反而低于独自工作。最具有创新力的公司是，团队之间既存在密切联系，同时各个团队又保持独立性和自主权。

Linux：开放式创新

1983 年 4 月 27 日，麻省理工学院的一个以 "rms" 为登录名的计算机黑客在网上四处散播标题为 "免费 Unix" 的邮件。邮件的开头是这样的："从感恩节开始，我将开发一个叫 GNU（Gnu's Not Unix 的首字母缩写）的，与 Unix 完全兼容的软件系统（因为 GNU 不同于 Unix），无偿地赠送给任何想使用的人。" 理查德·斯托尔曼（Richard Stallman）向他见到的每一个人宣传自己的创意。甚至有一次，在麻省理工学院的人工智能实验室里，他拦住了我，他是个信奉自由软件的理想主义程序员，花了多年时间开发 GNU。1991 年，芬兰的一个程序员林纳斯·托瓦兹（Linus Torvalds）最终完成了最困难的任务，编写了 Unix 内核程序。由于历史的偶然，GNU 现在更为人知的名字是 Linux。

Linux 产生于合作网，这个网络包含诸多相对独立地协同工作团队，不存在中央控制和指导计划。听上去，这种漫无目标的组织不可能产生有效创新。然而，实际上，Linux 是专家们公认的到目前为止最可靠的操作系统。可靠性也是 Linux 敢于挑战微软的 Windows 操作系统的原因之一，美国宇航局超级计算机和世界上过半的网络服务器的运行环境都是 Linux 操作系统。Linux 的某些版本甚至应用于摩托罗拉手机和三菱集团的机器人。2006 年，IBM 公司有 600 名程序员开发 linux 操作系统，其竞争对手惠普、戴尔和联想也有庞大的团队致力于 Linux 的开发。

为什么 IBM 甘愿为他们不拥有也不出售的操作系统支付 600 份年薪呢？因为如果 IBM 出售预先安装了 Linux 操作系统的网络服务器，他们不必再向其他公司付软件许可费（例如微软）。其他公司，例如红帽公司和 Novell 公司靠出售用户手册和客户服务器赚钱，并收取年度会员费保证用户获得程序员社区提供的日常更新。软件公司出售运行在 Linux 操作系统下的文字处理软件和会计程序包，如果程序员了解操作系统的内核，他们可以把应用程序做得更好。在合作网中，公司通过寻找可盈利市场的方式赚钱，而不是独占整个系统。

商业媒体对 Linux 非常着迷。林纳斯·托瓦兹曾出现在《商业周刊》、《连线》杂志和《科技博客》等极客杂志的封面上。麻省理工学院的教授埃里克·冯·希普尔（Eric Von Hippel）在其著作《民主化创新》（*Democratizing Innovation*）中也倡导这种模式，也就是著名的"开放源代码"，它是创新的推动力量。其他广为使用的开放源代码产品包括免费的网络浏览器 Mozilla、免费的个人电子邮件客户端软件雷鸟（Thunderbird）、在线百科全书维基百科，以及办公室软件套装 OpenOffice，其中包括字处理程序、表格处理程序、图像处理程序、数据库以及绘图程序。

开放源代码模式的应用领域已经远远超出了计算机软件。丰田公司被公认为汽车行业最具有创新力的公司，它开发了一套内部系统，被称为"丰田生产系统"（Toyota Production System），该系统也是一种自组织的网络。当一场凌晨大火将丰田最主要的供应商之一爱信精机公司（Aisin Seiki）位于爱知县的一号工厂烧毁时，丰田面临汽车生产停工的风险，因为公司 99% 的制动液阀门是该工厂提供的，而且丰田仓库中只保留了一天的备用件。

解决方案的产生过程是自下而上的。仅在大火发生后的几小时，丰田与爱信的工程师就开始了合作。爱信将阀门生产图纸交给其他供应商，同时，将未被破坏的专业化工具和原材料交给丰田。双方工程师协同工作，在 62 个地点设立临时的生产线，包括一些废旧机器工厂和兄弟公司的一家缝纫机制造工厂。丰田的另一个最大的供应商电装公司（Denso）主动收集所有阀门，然后送到爱信工程师那里接受检查。两个星期内，这个即兴成立的分布式网络就恢复了失火前的生产水平。

合作网与开放源代码社区有许多共同点，然而开放源代码模式并不是孕育创新的理想网络。有一点通常被我们忽略，Linux 是根据操作系统 Unix 改编而来的。办公室套装软件的文字处理软件 Writer，跟微软的文字处理软件相似。破解现行产品，然后开发一个复制品，并不是我们大多数人期待的创新。东京工业大学的管理学教授克日什托夫·科林斯维茨（Krzysztof Klincewicz）对 500 项优秀的开放源代码项目进行了分析，结果发现只有 5 项（1%）是突破性创新；另外 59 项属于渐进型创新，大多数产品产生于一个现行的操作系统，比如 Windows 操作系统，或者重新改编成其他的，例如麦金塔计算机。几乎 90% 的开放源代码的产品根本不是创新。

那么如何创立一个产生真正创新的合作网呢？开放源代码如何转化为开放创新？我给出的大多数例子说明创新是由不依赖于任何一家公司的合作网产生的，该合作网不是一家公司可以创立和控制的。但是，基于某个角度，公司可以单独采取行动以促进合作网的发展，那就是与早就同公司建立联系的顾客合作。顾客自发地通过用户群、网站以及论坛，针对许多产品构建非正式的网络社区。顾客网络是创新的真正源泉。每家公司应该努力与这些自发形成的有机网络建立合作关系，这是我们在下一章要讨论的话题。

GROUP GENIUS
成为创意组织 ────────────────────────────

合作网的五大特征

1. 每项创新都建立在以往创新的基础之上。

2. 成功的创新是诸多智慧火花的结晶。

3. 在合作网中，团队之间频繁互动。

4. 在合作网中，多样化的发明是普遍现象。

5. 没有哪家公司能独占合作网。

10

用户合作网，
创新的真正源泉

用户驱动型合作网有什么特点？
如何与用户一起即兴创新？

设想你生活在科幻时代，驾驶着气垫船经过曼哈顿，寻找可口的百吉饼。你俯冲进百老汇摩天大楼旁边的狭窄地带，转而驶入住宅区。幸运的是，科幻时代没有其他车辆，你想跑多快就多快。你能很容易地到达任何百吉饼销售点。店前有招牌，但你正在寻找最好的百吉饼。你很幸运，因为在这个虚幻时代，每个百吉饼店都在招牌的右边放置公告板，征集顾客对百吉饼的建议。

如果你的个人电脑安装了谷歌地图，可以帮你把这个虚构的远景变成现实。当然，没有气垫船，但谷歌地图能让你如飞一般地在曼哈顿摩天大楼旁的狭长地带上移动。你利用它可以搜索最美味的比萨饼或设有换尿布台的厕所，寻找最近的酒吧，甚至最佳的慢跑路线。

谷歌并没有高薪雇用大批绘图设计师和程序员提供这些功能，取而代之的做法是，公司与用户分享绘图技术，这实际上构建了一个合作网。如果你是美酒的爱好者，你可以利用网站搜寻你最喜爱的酒店，分享谷歌的卫星图片和网站技术。这样的合作被称为"混聚"（Mash-ups），因为这将谷歌的绘图技术与客户的需求结合起来。谷歌使用了一种叫作 API 的应用程序接口来支持混聚，API 允许任何人控制当下应用程序的运转。Twitter、雅虎、YouTube 和 Facebook 这些公司也在使用 API。

商业实践中的合作网

谷歌为什么放弃价格不菲的尖端技术呢？为何不垄断所有技术，把整个网络资源占为己有呢？因为，谷歌始终相信，群体创造力产生于一个由数以百计的自愿工作者组建的合作网。毕竟，谷歌最著名的搜索算法就是群体创造力的结果，谷歌把网页进行排序，一个网页有越多的页面链接，排序就会越靠前，它通过这种方式，把网页使用者的集体智慧集聚起来。使用谷歌搜索，人们并不能预测一个搜索究竟可链接多少个网页，搜索结果是所有使用者共同完成的。

谷歌坚信构建合作网是商业实践中的标准做法。再举一个例子，2006 年谷歌曾组织了 4 次编程大赛，给全世界的开发者提供一次机会，尝试解决谷歌最困难的技术问题。在过去的 5 年里，有超过 20 000 名程序员参加了比赛。2014 年，25 名最终入围者飞赴洛杉矶争夺"编程挑战赛冠军"头衔和 1.5 万美元奖金。

不是只有谷歌把与客户建立合作网作为公司的战略。IBM 从 1998 年开始，每年都举行公司内部创意大赛。2006 年，15 万名参赛者竞争 1 亿美元资金。亚马逊多年前曾向其商业伙伴开放服务器，也就是说，如果你的网站与亚马逊建立了超链接，然后买主通过点击购买图书的话，亚马逊就会给你打折。在线拍卖网站 eBay 因信赖用户的集体智慧而闻名。与谷歌一样，eBay 的 API 也向用户公开，这些开发者可以访问 eBay 网站的内部工作，并使 eBay 得到了大幅度提升，比如通过将其美国用户引入合作网络，eBay 的销售额大幅增长。在 2016 年，开发者应用已经占了上市公司的 1/4。

《我的世界》（*Minecraft*）是一款非常成功的电脑游戏，因为拥有超过 1 亿的注册玩家，所以形成了一个世界范围内的现象。在《我的世界》里，玩家以第一人称的角色走在一个三维世界里，所有的东西都是用积木做成的，甚至你不会想到的一些东西，比如湖泊、白云和奶牛也都是积木做成的。这个游戏平均每天售出 10 000 份，是仅次于俄罗斯方块和 Wii 运动的第三畅销的电子游戏。2014 年，微软以 25 亿美元的收购了《我的世界》的知识产权和发行商。这款游戏的吸引力在于，它支持玩家对游戏世界进行修改或调整。玩家可以花费数小时创作山脉、湖泊和建筑物，还可以创建自己的生物，比如在大地上放置奶牛。玩家可以通过覆盖它的"纹理包"来改变所有东西的外观，甚至可以使用 Photoshop 设计自己的纹理包。在玩游戏的过程中，还可以通过一个原始的命令行来深入了解游戏的代码。11 岁的乔丹说："这就像你是地球和宇宙的创造者一样。"

这感觉起来不像是款游戏，更像是一个玩家自己制造东西的空间。玩家可以创建一个叫作"服务器"的世界，通过互联网流媒体，邀请朋友加入，非常社会化。孩子们也总是和他们的朋友在同一个虚拟的世界里玩，他们的朋友在这个世界里看上去就是一个小动画角色，他们总是边玩边用 Skype 网络电话聊天。

可以说《我的世界》是一个创客空间，一个思考者的工作室。人们在玩游戏的同时学习创造、学习与朋友合作、拓展计算思维能力，于是这成为每个家长最喜爱的电子游戏。如今最重要的一些创新是完全由用户创造的。维基百科是一个免费的在线百科全书，它的条目是由用户创建和编辑的。英文版有 300 万个条目，远远超过《不列颠百科全书》中的 12 万条。另一个例子是 YouTube，这是一个免费的视频分享网站，用户可以通过这个网站发布自己的电影供其他互联网用户观看。在 2014 年，用户每月观看 60 亿小时的 YouTube 视频，平台上超过 900 个专栏至少有 100 万订阅者。

2013 年，YouTube 面临着一些竞争：Vine 是一款视频不超过 6 秒的应用（2012 年，Vine 被 Twitter 收购，当时它甚至还没有发布）。截至 2016 年年中，Vine 每月有 2 亿活跃用户。

用户驱动型合作网

这些近来颇为引人注目的合作网的例子都是在客户的推动下促成的。实际上，客户一直都是创新的推动力量。第一次世界大战期间，棉布急缺，然而它是战场手术室的必需品。为了满足大量的需求，军队外科医生使用一种木质纸浆制成品充当替代品，也就是能吸收液体的纤维棉。

第一次世界大战结束时，纤维棉的生产者金佰利公司（Kimberly-Clark）面临着困境，需要挖掘和平时期客户对纤维棉的需求，以便消灭仓库里的原材料库存。最终，公司推出了舒洁手帕纸，这是一种卸妆用纸，用以替代妇女晚上用于卸妆的布制毛巾。金佰利公司邀请好莱坞和百老汇的明星做广告，这种明星效应成效显著，纸巾销量迅速攀升。

但也有一些意想不到的事情发生。男士们用舒洁面巾纸擦鼻涕，而非卸妆，他们开始给金佰利公司发邮件。这些信件提议：为什么不宣传面巾纸的这种功能呢？现今他们不得不偷偷使用这款"女性专用"的产品，要化解这种尴尬局面，必须发动一场面向男士的广告运动。但金佰利公司的经理层认为这个创意有点儿古怪，不予理睬。

1921 年，芝加哥的一位发明家安德鲁·奥尔森（Andrew Olson）发明了抽取式纸巾盒。纸巾就像我们今天看到的那样折叠在一起：每抽出一张，下一张就紧跟着出来，便于取用。金佰利公司做市场推广时，称这种纸巾为"服务盒"。这种创意还带来意想不到的其他好处：当更多的人用舒洁面巾纸擦鼻涕时，他们也能特别方便应付突如其来的喷嚏。

直到 1930 年，公司的管理者才决定尝试把舒洁作为面巾纸投放市场。用户的反应空前高涨，61% 的客户更习惯用舒洁擦鼻涕而不是擦脸。这引发了新一轮的广告运动，到 1936 年，舒洁卸妆纸已在市场销声匿迹。

客户推动的产品创新的例子不胜枚举。例如 20 世纪 70 年代，健康和运动成为社会时尚，一些人在酒中掺入苏打水以降低饮料的热量。于是软饮料的生产商开始出售加入苏打水的冷饮。还有，许多人喜欢把炸薯条放到酸奶油和洋葱汁的混合物里蘸一蘸。这种吃法相当流行，使得公司不得不把洋葱汁作为调味品销售。后来，炸薯条生产商干脆直接把调味汁浇到炸薯条上，现在你可以买到浸过酸奶油和洋葱汁的炸薯条了。

客户创新领域不仅局限于消费者日常用品和小吃食品。1969 年，美国国家科学基金会（National Science Foundation）对 500 项创新进行研究，发现 80% 的创新源于用户的建议，甚至完全由用户原创。在 2009 年，麻省理工学院的一项研究发现，有 50% ~ 90% 的创新来源于用户。用户提出了 81% 的科学仪器创新，60% 的工艺机械创新。从历史上来看，制药业是个例外。2003 年，仅有 30% 的创新来自用户。但是在仅仅 3 年之后的 2006 年，已经有超过 50% 的药物创新来自用户。到 2014 年，大部分大型制药公司开始与辉瑞、阿斯利康和葛兰素史克等公司的创新项目合作。

有 10% ~ 40% 的用户会修改他们已购买的产品。以下是来自 2012 年在英国的一系列访谈中发现的惊人创新：

◎ 工艺工具制造者："我设计了一个夹具来制作箭头。夹具将箭头固定在适当的位置，同时转动（市场上的夹具是不会旋转的）。"

◎ 运动爱好者："我修改了板球拍，这样它就能提高击球和接触球的能力。"

◎ 家庭主妇："我想要我的洗衣机旋转，然后，我把其中一个电路连接起来，插入了一个开关。"

◎ 家长："我用不同的颜色给时钟表盘的两半涂上不同的颜色，这样孩子就能很容易地看到时间过去的那一边，以及还未过的那一边。我用它教我的孩子们知道时间。"

◎ 养宠物可以："我的狗吃东西有困难，因为装食物的碗会在地板上滑来滑去。我用了一块扁平的层压板，把边缘围成托盘的形状，以防止碗在厨房里移动。"

◎ 医生："因为我有脊椎问题，我为我的键盘建了一个斜坡。对于打字时不能低头的人来说很方便。"

这就是为什么如此多的公司向用户寻求创新。更妙的是，几乎没有人反对他们的想法，他们中的大多数人都乐于分享。

极限运动：用户创新的典范

20 世纪 70 年代，帆板运动者发现如果在浪尖上高速前行，就好比在空中飞行一样，他们将之称为"风帆冲浪"。然而，不足之处是在半空中冲浪者的双脚会脱离帆板，即使比较幸运地踏回到帆板上，过程中带来的碰撞冲击也会摔伤冲浪者的骨头。

多年前，一群杰出的帆板运动者，包括拉里·斯坦利（Larry Stanley）和迈克·霍根（Mike Horgan）就已经发明了配备有脚部固定器的帆板，但那时还没人发明冲浪运动，因此固定器也就没有用武之地。1978 年第一次夏威夷世界杯，斯坦利想到了脚部固定器，认为它可能对风帆冲浪有用，就把它固定在帆板上。当冲浪者在水上前行时，惊喜地发现把两脚伸进固定器里能在空中改变帆板的前进方向。斯坦利说："我们中大约有 10 个人总在一块儿运动，不出一两天，就出现了不同样式的安装着各式各样固定器的帆板，我们都急速前行，冲击波浪，超越其他运动员。这是一种滚雪球般成长的创新。"今天，大多数的帆板生产厂商都设计带有脚部固定器的帆板。

极限运动是最常见的用户创新的例子，因为参与者对运动充满激情，并且有一个密切联系的小圈子。例如，在 20 世纪 70 年代，曾发明了山地车的组装爱好者合作网，即使在大公司进入这个行业后也从没有停止创新。2002 年的一项研究发现，接受采访的 287 名山地车运动者中，38% 都有改进自行车的创意。10 个山地自行车专家组成的座谈小组评定其中 30% 的创意具有市场潜力。其中一项创意是特技单车。特技单车运动者在腾空跃起时，双脚通常脱离踏板，但是踏板却总在自转，当运动员想把脚放回踏板时，没法踩到水平的踏板。解决办法是在踏板的转轴和踏板之间增加泡沫橡胶环，这种改进增加了摩擦力，既能防止踏板在空中自转，着陆后又能控制踏板。

当今大多数最成功的创新活动来源于青年的时尚。人们通常认为这是近期的一个现象，实际上这一现象很早就有，因为年轻人凑到一起形成了合作网。飞盘就是一个很好的例子，亚瑟·莫林（Arthur "Spud" Melin）是 Wham-O 玩具公司的创始人和总裁，据说他是飞盘的发明者。确实，Wham-O 玩具公司拥有塑料飞盘的专利权。然而实际上莫林并不是飞盘的发明者。

今天我们熟悉和喜爱的飞盘起源于弗里斯比馅饼公司（Frisbie Pie），1871 年到 1958 年期间，康涅狄格州布里奇波特地区离耶鲁大学不远的一个面包店生产这种馅饼。20 世纪上半叶，这种馅饼广受耶鲁大学学生的欢迎，吃完后，他们把弗里斯比馅饼的金属包装盒用手腕一抖抛向空中，盒子就旋转起来。

1947 年，两个加州人由于所经营的罐装液化气业务不太景气，于是开始构思一项副业。弗雷德·莫里森（Fred Morrison）和沃伦·范休尼（Warren Franscioni）猜想，如果馅饼的包装盒是塑料制成的，可能更容易飞起来。1947 年 6 月，罗斯威尔成了引人注目的地方，人们都认为一个 UFO 在此坠落并被军队掩盖，这激起了一股 UFO 热潮，他们抓住机遇将所创意出的"飞行中的盘子"推向市场。后来莫里森设计出另一款飞盘"冥王星盘"，销售了两三年后，他把专利权卖给了 Wham-O 玩具公司的莫林。1957 年，Wham-O 玩具公司开始生产该产品。起初并不是很成功，只在加利福尼亚州盛行，在其他地方并没有得到推广。1960 年的某天，Wham-O 玩具公司的联合创始人之一理查德·纳尔（Richard Knerr），到美国东部向大学生促销他的"天外来物"时，意外发现学生们仍然互相抛掷馅饼包装盒，并称这种运动为"Frisbie-ing"。理查德纳尔将产品改名为"Frisbee"，虽然仅是肤浅的变化，但足以使飞盘登上大学校园时尚排行榜。

那么到底是谁发明了飞盘呢？不是理查德·纳尔，他只是改了名字而已；不是莫林，他只是买下了莫里森的专利权；也不是莫里森，他仅仅引发了流行于一群学生的时尚运动；更不是威廉·拉塞尔·弗里斯比（William Russell Frisbie），他只不过是个面包师。飞盘的发明不是智慧的突然迸发，而是产生于合作网的一项成果。

与用户一起即兴创新

乐高公司每年仍在销售著名的连锁积木。它之所以在今天被当作一个技术创新型企业，得益于 1998 年的"乐高机器人"——由乐高积木搭建而成，装有微芯片、马达和传感器的机器人。发布于 2001 年的 2.0 版本，在没有做广告的情况下每年卖出 40 000 包。2013 年，乐高机器人 EV3 发布了，一路畅销。这是乐高有史以来最畅销的产品。

2005 年，当乐高公司意识到它需要用一个新的版本来更新机器人时，它使用网络通过参与线上论坛，公司筛选出了最受尊敬的用户，这 4 个人分别是史蒂夫·汉森普拉格、约翰·巴恩斯、大卫·席林和拉尔夫·亨普尔。他们是乐高积木狂热粉丝中的传奇人物。家长们为他们的孩子购买这些已经可以用于复杂的创作的小工具。超过一半的乐高机器人使用者是成年人，他们有着挖掘系统的技术，能够创造出解决独特谜题的机器人，例如解决魔方或从 M&M's 豆中挑选蓝色的巧克力豆。

乐高的管理人员并没有等到原始模型准备好后才开始网络合作，相反，他们从一开始就想要来源于网络协作的智慧。这 4 个乐高迷非常忠诚，由于公司给了他们免费的乐高积木，所以都不用付钱给他们。史蒂夫·汉森普拉格是这样说的："他们会和我们讨论乐高积木，没有比这更好的报酬了。"之后，这个内部集团从 4 人发展到 14人，乐高邀请了 100 多名忠实的客户来测试原始模型。

乐高如此容易接受网络合作，是因为它在 1998 年就有 1.0 版本的经验。在 1.0 版本发布的几周内，斯坦福大学研究生凯科阿·普劳德富特（Kekoa Proudfoot）通过逆向工程设计了砖块中的微芯片，并在网上发布了详细的信息。其他工程师下载了这些信息，开始设计他们自己的机器人工具，包括一个全新的操作系统和一种取代乐高曾经使用的编程语言。起初，乐高担心智力财产的损失。但几个月后，公司意识到这种新兴的协作网络增加了客户的忠诚度，增强了产品的创造力，而且最重要的是，它是自由创新的源泉。毕竟，用户社区已经将机器人扩展得远远超出乐高为该产品所设想的任何东西。它建造了新的传感器，与乐高的产品进行互相结合，创造出了诸如汽水机等令人惊叹的东西。

"倾听你的客户，给他们想要的"，这是最古老的商业建议。但在如今的创新经济中，这种建议不过是一句毫无用处的老生常谈。毕竟，你怎么能理解客户的需求呢？有时我们甚至不知道我们需要什么，即使我们需要，我们有时候也不能用语言表达出来。在许多企业中，客户有不同的特殊需求，但你不能同时"倾听"数百万人的诉求。解决方案是：创建网站，公司在网站上与客户即兴协作。正如我们所了解到的，今天的创新并不总是源于旧的"线性"时尚，相反，是由合作网站产生的。一旦一家公司真正意识到这一点，它就需要改变其运作方式，重新设计自己以连接合作网。3M公司的一项研究显示，如果不这样做，公司可能会错失什么：用户合作产品的年销售额是传统线性开发的产品年销售额的8倍——1.46亿美元，而不是传统的线性开发的1 800万美元。

客户创新急剧增加，两种技术的发展将继续这一趋势：社交媒体和互联网支持密集的通信网络，允许频繁共享小火花，以及支持计算机等设计的新软件工具。辅助设计工具和视觉导向的编程环境使客户比以往更容易为网络做出贡献。成功的公司将是那些寻求与客户合作，引领超越公司边界的合作网的公司。

与客户合作的方式是鼓励组织上下的连接，而不是通过销售联系人或客户服务台来引导客户。塞仕软件研究所展示了利用客户网来推动创新的潜在成功，它是世界上最大的软件控股公司，它以其大数据分析工具、对企业管理的数据分析、一整套能保持整个公司运转的产品在企业领导者中享有盛名。它的总部在没有软件公司的北卡罗来纳州的卡里。创意之所以蓬勃发展，是因为塞仕软件与客户共享了一个网络。

和很多公司一样，塞仕软件密切关注各种投诉和建议，每个人都被分类进入数据库，并对他们的评论进行跟踪从而确保没有任何漏洞。就像许多以客户为中心的公司，塞仕软件每年都会举办一次用户会议。由于其创造性的活力和观众的积极参与，这次会议被比作一场十足的秀。甚至连技术支持人员也与客户合作进行创新。客户可以联系公司的任何人，甚至是软件开发人员。因为我们已经了解了天才团队的知识，所以我们知道为什么它适用于赛仕软件，最具创新性的合作网站具有没有人能够完全理解或可以控制的连接。

创意市场：合作网的进化

创新公司会向客户伸出援手，它们也会与其他企业，甚至是它们的竞争对手建立合作关系，从而产生创新。2007 年，经过两年的开发工作，谷歌发布了基于 Linux 的移动操作系统安卓。它很快占领了智能手机行业，多年来一直是智能手机的主导操作系统，在 2013 年，它成为平板电脑的主要操作系统。谷歌生产了几款安卓手机，其中包括在 2010 年发布的 Nexus，以及在 2014 年发布的 Android One。

谷歌免费发布了安卓源代码：支持开放创新的开放软件。谷歌允许所有大型智能手机制造商（包括 HTC、索尼和三星）使用安卓系统获利。为什么谷歌要花两年的时间，然后把成果拱手送人？这难道不会影响谷歌自己手机的销量吗？恰恰相反，到 2010 年，安卓手机的销量超过了苹果。截至 2014 年，由于谷歌与其他智能手机供应商合作，安卓系统在所有智能手机中占比超过 80%，安卓系统成为市场标准。

这些合作对于谷歌来说是有效的，因为谷歌不仅仅是在销售一款手机，它正在销售一个位于合作网站中心的平台。谷歌的目的是为了展示安卓系统的功能，而不是为了销售大量的手机。谷歌希望通过安卓推广他的合作网站平台。出于同样的原因，Twitter 通过发布 API 开放了外界对其内部内容的访问，越多的人连接到 Twitter，合作网就越大。和谷歌一样，Twitter 并不拥有合作网，但每次合作网发展，它都能赚钱。

在合作网上投资最多的公司可能是宝洁公司。宝洁公司负责创新和知识的副总裁拉里·休斯敦将这一战略称为"连接和发展"，与旧的"研究和发展"创新模式形成对比。从 2001 年开始，宝洁"连接和发展"项目产生了 Swiffer 除尘掸、Mr. Clean 清洁魔术橡皮擦，以及将笑话和奇特的故事印在鲜艳的染色包装上的品客印章薯片。2009 年宝洁公司的新产品中，超过 60% 是基于外部合作，其收入的 25% 是通过开放式创新产生的。例如，汰渍全效（Tide Total Care）是汰渍洗衣粉的高端产品，是由瑞典隆德大学和两家小型化学公司联合研发的。在 2009 年的十大非食品类产品排行榜上，它名列第二。保洁已经建立了一个由 70 位"技术企业家"组成的国际网络，他们的全职工作是梳理文献，与大学研究人员见面，培育供应商网络。宝洁甚至与竞争对手合作，包括高乐氏、康尼格拉和通用磨坊。宝洁通过创建将需求和解决方案结合在一起的网络，加速了合作网的发展。宝洁称这些网络为"创意市场"。其他几家大公司，包括 IBM、英特尔、惠普、健赞和礼来也是这种做法的有力支持者：

◎ Salesforce 创建了创意交换，客户可以在这里提出对产品改进
　的建议。这种交流将新想法与已经通过第一次削减的现有想法
　联系起来，并不断更新这些在创新过程中产生的想法。

◎ 2010 年，耐克发布了一个名为 GreenXchange 的合作网，公
　开发布了 400 项专利。这些专利都有环保的特点，目标之一是
　帮助其他公司和个人完善这些专利。然后耐克公司可以在自己
　的产品中使用这些专利扩展。

◎ 九西格玛（NineSigma，由宝洁公司创建）将有技术问题的公
　司与大学里有解决方案的科学家联系在一起。例如宝洁公司想
　制造一种肥皂，即使在冷水中也能起泡沫。九西格玛创建了一
　个技术概要来描述这个问题，并立即将其交付给数千个解决方
　案的提供者。宝洁已经向 200 多万人发送了过简报，收到超过
　35 000 份建议书，并已完成 2 000 个项目。

◎ 意诺新（Innocentive，由礼来创建），它把公司与世界各地的
　科学家联系在一起。有兴趣的公司与意诺新签约，并获得许可
　向网站发布匿名的"挑战"。这些需求包含详细的描述、期限
　和奖励金额。科学家们浏览这些挑战，如果有答案，他们就提
　交一个解决方案。礼来一直在为创造更多的合作创新而努力，
　包括 2008 年的 Innocentive@Work、2009 年 PD2 和 2011
　年 TargetD2。

◎ YourEncore（由宝洁创建）将企业与超过 11 000 名退休的顶
　尖科学家和工程师联系在一起，企业可以利用 YourEncore 与
　退休专家进行短期的联系，使得公司不需要花时间去聘请全职
　专家，就能有一个完美的视角。

◎ Yet2.com（由一群包括宝洁在内的《财富》100 强企业创建）是一个知识产权的在线市场。发明人发出许可或购买的想法，需要帮助的公司发布它们想要解决的问题。宝洁公司通过 Yet2.com 发放使用一种低成本的微针技术来给药的许可。

◎ 2016 年，思科创建了创新大挑战。为了这场竞赛，该公司征求具有颠覆性的数字创意或解决方案，这些创意或方案可以改变行业和政府，进而改变世界。思科已经为获奖者提供了 25 万美元的种子资金，并为他们提供了思科创新中心的工作空间。

开放式创新在任何行业都能取得成功，耐克与苹果合作开发了一种传感器，将数据从跑步鞋中传输到苹果手机上。金佰利和阳光信健之间的合作是发明了一种贴纸，家长们可以在孩子身上贴上，如果他们的孩子晒太阳过多，贴纸会随着紫外线的变化而改变颜色，从而提醒家长。Aquafresh 美白牙托是由葛兰素史克和 Oratech 公司合作开发的牙齿美白产品。大家最喜欢的露营食品 S'mores 是由卡夫的全麦饼干和棉花糖和好时的巧克力一起组合而成的包装产品。

开放式创新的最佳方式是拥有广泛的专业和经验。2010 年，哥本哈根商学院的拉尔斯·布·耶珀松（Lars Bo Jeppeson）和哈佛商学院的卡里姆·拉卡尼（Karim Lakhani）研究了 166 项意诺新比赛，其中包括 26 家不同公司提交的挑战。近 1.2 万名科学家参与了挑战，共有 46 项挑战完成。研究者发现，获胜的解决方案更可能来自那些专业知识不在挑战所涉及领域的科学家。另一个引人入胜的发现是，女性科学家提出了更为成功的解决方案。研究人员推测，这是因为女性科学家属于少数群体，她们的观点很可能不同于在该领域工作的大多数男性，这与来自不同领域的专家的想法一样有价值。

花 1 分钟想一想你生活中的脏乱。厨房里的食物洒了，卧室里的人生病了，浴室地板上有神秘的斑点。像高乐氏这样的公司，当为其清洁产品做广告时，不要提这些具体的问题。这太不雅观了，它们不得不用婉转的语言销售它们的产品。

社交媒体允许匿名发帖，消除了尴尬。精通电脑的家长们在 Twitter 上分享故事，互相交流难以处理的问题，他们可以创建一个"句柄"来保持匿名。高乐氏注意到家长们正在帖子中提到公司的清洁用品。例如，一群父亲创建了"如何成为一个父亲"的网站，他们的帖子得到了大量的点击。比如其中一个帖子是"刹车痕迹：什么时候洗，什么时候擦"。高乐氏决定充分利用这个新的合作网。

2014 年，高乐氏创作了"Ick Awards"，这是一个即兴的颁奖典礼，旨在庆祝"日常生活中的糟糕时刻"。2014 年 4 月 9 日，该奖在 Twitter 上直播，由"第二城市剧场"校友瑞秋·德拉彻（Rachel Dratch）主持。父母们在 Twitter 上发布了他们最糟糕的经历。然后，德拉彻带领一个即兴表演小组从最好的故事中选出场景。在 TweetCast 上直播了 43 个即兴创作的小品，让 Twitter 的用户投票。糟糕的故事在 #Horrific Mess# 和 #EpicMess# 这两类分类中相互竞争。

在节目的 4 个小时里，#Ickies# 成为 Twitter 上的一个流行话题，高乐氏从 1.6 万多条 Twitter 上获得了超过 1.6 亿的社交媒体曝光量。正如这场活动的策划者所说："当你让观众参与进来时，他们才会做出真实的反应。"这就是创建合作网的方法。

现如今，创新随处可见。我们都在为合作网做贡献，有时候我们自己都没有意识到，例如在家做家务、在办公室工作或者休闲时，做我们最喜欢做的事情。

　　但如果这些是真的，那么我们为什么没有从我们的创造性贡献中赚到钱呢？利润属于拥有创新的公司。即使创新来自合作网，公司也经常获得专利或版权。那么，我们有什么动机为合作网做出贡献呢？当一家公司受益于我们所有人的创造力时，这是否公平？如果网络中的每个人都能从他们的参与中赚到一些钱，这难道不会推动更大的创新吗？我们将在下一章中探讨这些问题。

GROUP GENIUS
成为创意组织

1. 构建合作网是商业实践中的标准做法。

2. 客户一直都是创新的推动力量，客户推动的产品创新的例子不胜枚举。

3. 当今大多数最成功的创新活动来源于青年的时尚。人们通常认为这是近期的一个现象，实际上这一现象很早就有，因为年轻人凑到一起形成了合作网。

4. 今天的创新并不总是源于旧的"线性"时尚，相反，是由合作网站产生的。一旦一家公司真正意识到这一点，它就需要改变其运作方式，重新设计自己以连接合作网。

5. 创新公司会向客户伸出援手，他们也会与其他企业，甚至是他们的竞争对手建立合作关系，从而产生创新。

11

合作经济，
释放社会创新潜力

如何更好地促进合作网的发展？
应该从哪些方面调整法律体系？

合作网是一场大型的对话，是一场覆盖公司、客户、整个行业，甚至全球的对话。团队创造力，归根到底，还是人类的创造力。无论现在还是未来，能否解决面对的关键问题和需求，取决于构建创新合作网的能力。

尽管如此，一个人要有一个想法，便应该因为他的想法得到经济上的鼓励，这就是我们为什么拥有专利。亚伯拉罕·林肯是唯一一位拥有专利的美国总统，他曾经说过，美国的专利权法案是"世界历史上三项最重要的大事件之一"（其他的两项是印刷术的发明和美洲大陆的发现）。

但如果思想总是合作的，一个人永远不应该拥有完全的所有权。历史上有许多关于专利持有者如何阻碍创新的故事，他们像阻碍其他人一样阻碍自己。我们已经看到莱特兄弟的占有欲阻碍了美国飞机工业的发展，在另一个著名的例子中，爱迪生在他的纽约市照明系统取得成功后，与由尼古拉·特斯拉（Nikola Tesla）开发的、西屋电气（Westinghouse）使用的先进技术交流电（AC）进行竞争，从而抑制了创新。爱迪生在选择直流电（DC）时押错了赌注，直流电只能从几个街区传输到电站，但是交流电可以传输数英里。爱迪生进行了一场恶性的公关活动，以证明交流电不如直流电安全。他的一个更极端的举动是用交流电去电死流浪猫，然后声称它们是被西屋害的。尽管爱迪生做了公关，交流电还是成为家庭普遍使用的技术（直流电被用在靠电池供电的设备中）。

为了推动创新，各国需要法律制度来平衡个人创造者的权利，而不阻碍提供灵感的合作网。但不幸的是，近年来，美国版权法和专利法已经转向更大程度上保护个人对创意的所有权。这一趋势有着令人遗憾的副作用，例如，2011 年苹果和谷歌在专利购买和诉讼上的花费比在研发上花费的还多。在智能手机业务领域，仅两年内就花费了 200 亿美元。2012 年，一项对所有研究的审查发现，没有证据表明专利能提高创造力。相反，审查中的大量证据显示，专利阻碍了创新。因为创新越来越依赖合作网，而对于创意的所有权会带来破坏创新的风险。

为了释放社会的创新潜力，我们建议修改法律体系的 7 个方面，使其更接近合作网的自然行为。

1. 缩短版权保护期

我们应该把版权的保护期限缩减到至少与 1790 年版权法刚颁布时一样长，也就是 14 年，附加条款是如果创作者健在的话，保护期可以延长。当今的创新频率远比 1790 年高，创新周期缩短了，为什么保护期反而延长了？自 1962 年以来，保护期已被先后 11 次延长，现在达到了 95 年。这并不意味着创新能发挥如此长时间的作用，而是版权所有者凭借影响力做到了这一点。

2. 奖励小的创意

现行的政策有利于线性的集权化的创新，不利于合作网的自然创新。首先，大公司通常借助研发实验室创立"专利门票"，虽然许多相关的专利目前没派上用场（因为互补创新还没出现），其次，这也使公司处于非常有力的防御地位，它们有权控告任何侵犯它们专利权的创新，即便是这些创新正好弥补了专利中的不足之处。在合作网中，个体或公司的创意仅仅是某个创新所需的创意的子集。

"开放源代码社区"之所以兴旺，是因为程序员免费共享他们的创意，而不要求获得一些无形的利益，比如别人的赏识，也不要求别人用创意来交换。或者小创意的发明者因为申请专利耗费人力财力，并且现有的产权保护法也不是为奖励小创意制定的。创新较小时，许可证很少能给专利权所有者带来收益，然而大的研发实验室就不一样了，即使提出一项稍做修改的解决方案，也很容易扩散。我们应该出台一些政府政策，对共享的小创意进行额外奖励，这些政策将会明显地增加合作网的成员数量，扩大合作网的规模。

3. 使改造合法化

许多领域，比如山地车运动、视频改装游戏，以及选择样本音乐，不少人在创新时，完全是出于自己的需要，而不是与别人共享。这样的实例不胜枚举，例如山地车爱好者发明了防止踏板自转的方法。他们之所以不愿分享自己的创新，原因之一是这些改造侵犯了专利法。美国 1998 年的《千禧年数字版权法》（*Digital Millennium Copyright Act*）旨在制止用户盗版软件、音乐和电影制品，不足之处是消费者因此无权改造购买的产品。如果专业视频游戏玩家破解了游戏的后门程序，并改造了游戏，这种行为就是违法。乐高公司完全有权控告破解机器人玩具芯片，并将之改造成新操作系统的工程师。然而乐高没这么做，因为公司意识到，不断进行改造才能推动创新。

4. 赋予员工自由

为扶持合作网的发展，政府应禁止企业实施竞业禁止条款，允许员工自由流动（除了一些特殊情况）和共享信息。在美国的大部分州，老板有权禁止员工离职后的一年或两年内到同行业的公司就职。这种做法的动机似乎是合情合理的，即不希望员工把公司核心技术透露给主要的竞争对手。然而128号公路的失败，以及文化氛围相对开放的硅谷的兴旺发达，都证明了那些针对离职员工的成见和法律诉讼是一种弄巧成拙的做法。如果禁止公司实施就业限制条款，那么整个经济体系会充满创新力，整个合作网会变得更加活跃。如果所有公司都能从独占资源的思维模式中走出来，那么每家公司都可以更加富有创造力。

5. 强制许可

当今，专利权所有者可以发放技术使用许可，版权拥有者可以发放媒体出版物重复使用许可。然而他们有权不这么做，而且许可费也不必接受管制。要是电影制片人或者演员开价过高，你就不得不放弃电影剪辑。即使技术所有者愿意发放重复使用许可证，那你也要花一年甚至更长的时间联系全部的权利所有人，查明每个人的开价，签署所有的授权表格。正如斯坦福大学的法学教授劳伦斯·莱斯格（Lawrence Lessig）所说："履行法律程序的成本高得不能再高了。"法律应该要求产权所有者发放技术许可，并收回许可费的定价权，这样做的目的是防止过高的许可费阻碍创意扩散。政府应该以法律形式规定一个固定费率（莱斯格建议许可费是收入的 1%），或者模仿拍卖程序，借助市场确定许可费。

6. 专利共享

共享专利权是促进合作网发展的有效方法。飞机产业和缝纫机产业的实际例子表明，如果竞争者放弃独占专利权，接受专利权共享，就会有利于创新。有了专利联营，参与到合作网的每家公司都可以共享集体利益。新的法律制度应该开放资源使用权，签署无歧视的会员协议，鼓励这种专利联营的形成。

7. 鼓励形成行业标准

复杂的机械设备，诸如打字机、手风琴和收款机从未形成行业标准。Underwood 打字机与雷明登打字机的工作原理不同，导致一方的创新不能扩散给另一方。结果，创新相当缓慢。在过去的 40 年里，技术创新之所以发展得如此迅速，其中一个主要原因是全行业标准的形成。有了统一的可共享的行业标准，才可以进行模块式创新，任何人都可对系统的其他部分进行创新。行业标准的专有化无疑会阻碍创新。以太网最终胜过令牌环，凭借的是一个更开放的标准，Betamax 败给 VHS 的原因也是因为索尼试图保留合作网的控制权。

创新是人类通向美好未来的关键。由于我们对创新的诞生机制没有很好的理解，政府政策通常迎合了拥有专利权和版权的公司的利益。不幸的是，大多数公司从一开始就与突破性创新无缘，因为利用特权获取利益的诱惑如此之大，以至于这些公司竭力阻止创新合作网的发展。既然我们知道了创新的诞生机制，整个社会就应当改变规则，促进团队创造力的发展。

如今，由于由互联网支持的社交媒体和共享网络的出现，正确处理这一问题比过去更为重要。今天，每个人都可以聚集在一起，产生一种大规模的、分散的、激进的新型创造力。当我们的创意火花汇聚在一起时，我们就能改变世界。但我们不能为每一条推文和博客文章都申请版权，我们不能给每个在科技论坛上提出在线解决方案的人颁发专利，这将扼杀互联网的合作潜力。在最后一章，我们将看到社交媒体如何改变我们的合作方式，以及为什么我们比以往任何时候都更需要有关天才团队的科学。

GROUP GENIUS
成为创意组织

调整法律体系的 7 个方面

1. 缩短版权保护期

2. 奖励小的创意

3. 使改造合法化

4. 赋予员工自由

5. 强制许可

6. 专利共享

7. 鼓励形成行业标准

12

网络时代的人人合作

社交媒体是如何影响合作网的？
如何成为创意组织？

布莱恩·纳亚尔（Brian Nayar）知道"答案"，这是因为城市里的黑色出租车司机必须记住伦敦的视觉地图，才能拿到出租车牌照，也就是众所周知的"绿色徽章"。但 2016 年 2 月 10 日那天，纳亚尔没有去开车，而是和其他 8 000 名司机一起去抗议。他们把出租车停在伦敦市中心，一辆挨着一辆，导致交通堵塞了好几个小时。司机们在抗议 Uber，因为这款智能手机拼车应用正在抢走他们的生意。为了获得"绿色徽章"，纳亚尔必须记住 320 条基本路线、25 000 条街道和 20 000 个地标的位置，通过考试通常要花费 3 年的时间。考试中需要回答这样的问题："皇后公园的中央是什么？"（这是维多利亚时期的一个露天舞台），"你会带一个想看长颈鹿的乘客去哪里？"（金山公园或克里斯特公园）。如果把 Long Pond 和 Long Water 弄混了，那就回到教室去继续学习这些知识。

司机们还需要这些知识吗？毕竟，他们已经使用 GPS 很多年了。伦敦议会成员理查德·特雷西（Richard Tracy）称这些知识"过时且陈旧"。2015 年，参加考试的人数减少了一半，1/5 的司机超过 70 岁，年龄在 35 岁以下的只有 5%。2013 年制造黑色出租车的公司

LTC 差点儿破产，2015 年出租车司机培训学校 Knowledge Point 几乎倒闭。

纳亚尔并非排斥 GPS，他之所以去抗议，是因为他梦寐以求的"绿色徽章"有可能变得一文不值。以往只有带"绿色徽章"的司机才可以在人行道上拉客，而如今需要打车的人可以通过 Uber 与司机取得联系，这对黑色出租车造成了威胁。由于使用 Uber 的司机不是在街上找那些在人行道上招手需要打车的人，所以从法律的角度讲，他们不需要有"绿色徽章"。司机在他们有空的时候登录 Uber，乘客在需要打车时登录 Uber，GPS 知道他们在哪里，登录 Uber 把他们聚在了一起。

不得不佩服纳亚尔，他真的是一个天才，因为每个佩戴"绿色徽章"的人都有非凡的记忆力和空间推理能力。但是，所有人的合作（伦敦各地的司机和乘客在社交网络中相互联系），比即使是最聪明的个人，还要更高效便捷。天才团队也总是胜过个体的天才。

同人小说：社交媒体与合作网

1969 年，《星际迷航》在电视上播了三季之后停播了。这个节目的观众一直都不多，所以 NBC 决定停播。而忠实的粉丝们真的很喜欢看，他们渴望新故事，哪怕故事不是本剧的创作者写的。于是有写作天赋的书迷们在地下杂志上发表了自己的文章，被约定俗成地称为"同人作品集"（Zines）。这些文章用 A4 纸装订在一起，取名 *Spockanalia* 和 *T-Negative*。这些故事以该剧中的人物为主角，背景设定在该剧的世界中。根据一位同人小说专家的说法，这些故事和这部剧一样有原创性，主题包括"身体互换、天启、轮回转世，以及各种各样思维性崇拜、扭结、结合、定位和反转"。

如果你认为同人小说很奇怪，那它还有更奇怪的。在同人小说网站Fanfiction.net上，故事还可以按照类型进行分组。其他活跃的创作组还包括《吸血鬼猎人巴菲》《小马宝莉》《X档案》《哈利·波特》《暮光闪闪》《五十度灰》等。《小马宝莉》小说分为20多个流派，包括冒险（仅在Fanfiction.net上就有828个故事）和西部（4个故事），更不用说50个不同角色的故事，从《暮光闪闪》（486个故事）到《刺猬索尼克》（18个故事）。

在同人小说中最奇怪的是，《小马宝莉》有一个活跃的成年男性粉丝群体，他们自称为"小马哥"（Bronies）。《小马宝莉》电视制作人对这个成年男性粉丝群表示很欢迎，该剧的编剧们甚至还为这个群体写了一些笑话，并将其编入新的故事情节。其中一个例子是一匹名为Derpy Hooves的马从粉丝群中走出来。目前还不清楚这些"小马哥"有多真诚，他们中的许多人都在拿成年男人喜欢为女孩表演这件事开玩笑。雪城大学的教授罗伯特·约翰逊（Robert Johnson）说："它是如此的前卫，有一种时髦的气质。"粉丝们经常创作混搭剧，把不同节目中的角色结合在一起。在《我的世界》中，有一伙"小马哥"正在打造一个世界，他们的网络论坛被称为"我的小诡计"。

粉丝们利用社交媒体为彼此创造游戏，被称为"扭结模因"（Kink Memes）。一个扭结模因呈现了一对带有"扭结"的角色。"扭结"可以指情节的扭曲，不一定指扭曲的性行为。粉丝们读了剧情的转折，然后尽最大的努力去创造一个符合提示的场景。

　　这不是关于产生伟大的进步，而是和那些与你一样热爱这个世界的人一起玩游戏。就像即兴演员从一个观众建议中创造一个场景一样，就像朋友在彼此的《我的世界》服务器上玩一样。

　　过去作家是创作者，读者是受众。今天，读者和作者在一个合作网中走到了一起。1969 年，当《星际迷航》第 3 季结束时，团队创造力的唯一出路就是在油印机上印上黑白照片。今天，对于你能想象到的任何节目，互联网都可以汇集一个比过去更大的合作网。

　　另一种流行的同人小说类型是受一个多世纪前由阿瑟·柯南·道尔爵士创作的虚构侦探夏洛克·福尔摩斯的启发。2010 年，BBC 在电视剧《神探夏洛克》(BBC 与 PBS 电视台联合制作)中模仿了福尔摩斯这个角色，编剧马克·加蒂斯（Mark Gatiss）和史蒂文·莫法特（Steven Moffat）开始研究影迷群体。因此，他们的节目有很多内部参考资料，只有你参与网络合作，你才会发现这些资料。这些资料中甚至有一些提到了福尔摩斯与华生有恋情。

　　福尔摩斯的同人小说早在 2010 年就开始了。阿瑟·柯南·道尔爵士在 1891 年开始出版他的短篇小说《斯特兰德大街》，非常受欢迎，以至于开始的时候每一期就能出售 50 万册（查尔斯·狄更斯最流行的小说在他的一生中才卖出了这么多）。但是在 1893 年，在写了 56 个故事之后，道尔觉得无聊了，他把福尔摩斯杀了。

　　粉丝们被激怒了，他们在街上游行。为了填补空白，一些粉丝写了自己的福尔摩斯故事，并开始与其他粉丝分享。尽管很多人知道这些故事并不是道尔写的，但他们还是读了这本书。它们还不是刊登在 *Spockanalia* 这样隐晦的同人作品集杂志上，而是刊登在那个

时代顶级出版物 *Punch* 上。在这上面还有一些故事是由著名作家写的，像詹姆斯·巴里（J. M. Barrie）（以创作《小飞侠》而闻名）就写过几篇。

长期以来，社会一直在表彰一类特殊的天才。我们认为他们是创造者，我们阅读和观看他们的作品。而如今通过社交媒体，创造者和观众之间的界限变得模糊。我们是社会性的人，渴望天才团队。在还未出现计算机之前的时代，粉丝们就在社区里聚集在一起创作。与 20 世纪 60 年代或 19 世纪 90 年代的合作网不同，今天的社交媒体让你可以更容易地与他人分享，并与他人建立更深入的联系。你还可以看到谁与你有联系，并利用这些知识扩展你自己的网络。1893 年，夏洛克·福尔摩斯的粉丝们在伦敦城相互联系。今天，任何拥有电脑和互联网的人都可以与世界连接。互联网使更广泛、更广大的社交网络得以开发跨年龄、地区和国家的合作网。我们已经极大地扩展了协作的创造力。为了帮助我们理解这些新的合作形式，我们需要天才团队这门科学。

棉花糖 DNA：强大的教学分享

四年级的老师苏西·布鲁克斯（Suzy Brooks）和我们一样，每天都会查看电脑。不过她正在寻找一些具体的东西：可以在课堂上使用的想法。她最喜欢的网站是 Pinterest。有一次，她发现了一枚"图钉"（Pin），上面写着一种教授创造性写作的方法——师生书信交流。还有一次，她找到了一种用舞蹈来教数学的方法。

Pinterest 有 1 亿活跃用户，其中很多是教师。犹他州奥兰治维尔的科特伍德小学校长约翰·休斯（John Hughes）说："从60岁的秘书到29岁的保管人，每个人都用Pinterest。"在最近的一项调查中，38%的教师表示他们使用了Pinterest。2015年，有130万个教育"图钉"。

一种流行的"图钉"是让学生们用甘草、牙签和棉花糖制作DNA链。其他的"图钉"则是关于使用奥利奥饼干教月相，或者是一种写作活动，学生们通过剪报来创作诗歌，涂掉大部分的单词，留下一些单词和短语，使用了一种记者从未想过的方式来表达。

为了满足需求，Pinterest创建了一个教师可以根据年级和学科搜索的平台。到2015年年初，该平台拥有32个董事会和10多万粉丝。Pinterest正在做出巨大的改变，当老师们分享他们的创意时，他们的教学得到改善，学生学得更好。每位老师的贡献都很小，但随着时间的推移，合作造就了天才团队。

几十年来，老师们一直在分享他们的想法。但他们的网络仅限于同一所学校或同一学区的同事。他们偶尔可能会从月刊或活动手册中获得新的想法。现在有了Pinterest这样的社交网络，老师们可以在任何地方与他人分享自己的想法。

Pinterest的一个很大的好处是，它保存了每个项目的记录，因此老师们不需要在文件柜里塞满他们将来可能用到的想法。我们现在有强大的搜索引擎，可以让教师在他们需要的时候精确地找到他们需要的东西。网络就像一个有着可以随时使用的卡片目录的巨大的图书馆一样。因为我们一直都有记录天才团队即兴路径的方式，在互动结束后团队合作的好处持续了很长一段时间。我们总能重温那些团队比个人迸发出的更好的小火花。

Twitter：与用户建立联系

2000 年，杰克·多尔西（Jack Dorsey）编写了一个有助于城市街道卡车行驶路线的调度软件。一开始的时候，他想既然一辆卡车可以广播自己的位置，那为什么不能分享自己的位置呢？但是没有人有接收信息的装置，所以他忘记了自己的这个想法。仅仅 6 年之后，2006 年，数以百万计的手机支持了个人对个人的信息收发。多尔西想起了他的老想法，并将这个想法与他的公司分享。他们只用了两周时间就建立了一个简单的原型，他们称之为 "twttr"（Twitter.com 的域名已经被占用，他们在 6 个月后才购买）。

起初，人们用 "twttr" 是让他们的朋友知道他们在做什么："我在看电视，你呢？"（为什么不在 Twitter 上说你在读书呢？）现在，它正被用于成千上万的应用程序，而这些应用程序从来都没有向 Odeo 的员工提供过。一些最有用的 Twitter 功能是由用户创建的，而不是公司，比如：

◎ 使用 @ 符号来回复另一个用户；

◎ 使用标签 # 创建主题流；

◎ 转发你真正喜欢的推文；

◎ 在推文中插入其他网站内容的链接，比如博客文章或报纸文章；

◎ 搜索推文的实时流（一个独立的初创公司 Summize 开发的功能）。

与谷歌一样，Twitter 也有一个开放的 API——应用程序编程接口，允许任何人而无须深入发掘源代码就可以修改底层应用程序的运行。Twitter 完全采用了开放式创新，整个 Twitter 应用程序都可以通过它的公开 API 访问。这就是为什么大多数人不登录 Twitter，而是使用 Hootsuite 或 TweetDeck 等第三方网络应用程序来阅读和发布他们的推文。其他第三方服务帮助用户上传照片，并从 Twitter 链接到他们或者地图上其他在附近的 Twitter 用户。在 2011 年，第三方应用的数量突破了 100 万。

由于这种合作式网络，Twitter 已经成长为当今最大的社交媒体平台之一。它是一家与客户建立联系的公司，在紧急情况下使用它来提供最新的警告，并使抗议者能够联系和组织起来。网络将这些小火花聚集在一起，产生出比任何人计划的都更大、更好的东西。Twitter 是这个网络的中心，用户可以从数百万人的创造力中获益。

时尚的管道胶带

我们已经看到了高乐氏是如何通过即兴制作的 "Ick Awards" 吸引青少年和精通网络的家长的。几乎每家直接面向消费者营销的公司都在使用社交媒体，为了最大限度地发挥社交媒体的力量，公司必须放弃控制，为创造者建立一个团队。他们必须给合作网以力量，去创造不可预测和不可预期的东西。例如，宝洁公司培育了一个合作网络 Beinggirl.com，这是一个女孩们可以与同龄人分享话题、遇到的烦恼和提出问题的青少年社群。另一个例子是无线（Threadless）T 恤公司，所有的设计都来自一个合作网。任何人都可以分享设计，任何人都可以对设计进行投票。该公司网站每周都会收到上千份设计，然后由用户投票决定哪款设计被投入制造。无线的口号是："你就是无线。你提出想法，你选择我们的产品，你就是我们存在的原因。"

即使是像管道胶带这样简单的产品也可以进入这样的社交媒体。管道胶带是你在你爸爸的工具箱里找得到的东西，你可能找不到比这更不时髦的东西了。达克公司（Duck）的员工意识到他们需要接触青少年顾客。毕竟再过几年，他们就会变为成年人，手里拿着需要填满的工具箱。2001 年，达克公司为高中生举办了一年一度的比赛，十几岁的青少年穿着用管道胶带设计的舞会礼服参加"停留在毕业舞会大赛"。2016 年，达克公司在 Facebook 上有超过 500 万粉丝，成千上万的孩子参加了这次活动。而在这之前，谁能料到管道胶带能成为青少年的时尚呢？

几年前，喜欢使用同一种产品的人几乎从不互相交谈。他们甚至不知道其他的粉丝是谁，他们在哪里。但是今天，互联网将他们连接在一个合作的网络中。社交媒体提供了一种和他人联系的亲密感。结果是一种比任何孤独天才的创作都要伟大的东西——合作的创造力。

成为创意组织

当我向听众介绍我对创意的研究并强调合作的重要作用时，我总是听到同样的问题：大多数有创造力的人不是和我不一样吗？他们不是精神有问题或者至少不是不墨守成规的人吗？不是不管他们选择做什么都具有创造力吗？大脑成像不是显示有创造力的人的大脑是不同的吗？这些发现揭示了神话"孤独的天才"的惊人力量和坚韧。

　　这个神话不仅是错误的，也是危险的，因为它最终会减少创造力。如果你相信创造力是为特殊的天才所准备的，你更加有可能会认为你不具有创造力。如果你相信创造力是一种无法解释的天赋，它只会发生在神奇的灵光闪现之中，你就不会投入努力和持久的工作去产生一连串的小火花。如果你认为不合群、独来独往的人会有创造力，那么你就不会和其他人一起合作来打造天才团队。要构建产生创新的有机组织，我们必须超越孤独天才的神话，挖掘合作的核心力量。

　　所有的创造力都建立在合作的基础上。即使当你是一个人的时候，你的想法也来自你之前与他人接触和交流。我们所听到的孤独天才的故事被证明是错误的，真正的故事总是关于合作，在这本书中，你也读了很多这样的故事。我们会想到作家，比如小说家托尔金一个人坐在烛光下写作，但事实上，他的言论深深植根于自称为"吉光片羽"的牛津专业人士群体。有人告诉我们，达洛是在家里看书时发明了游戏"大富翁"的，但在长达 30 年的时间里，东岸的教友会信徒一直在重塑"大富翁"。我们听说摩尔斯是独自一人在他的小木屋里进行一次横渡大西洋的航行时发明了电报，但是当时他所做的一切都是别人先做的。我们知道托瓦兹发明了 Linux 操作系统，但是 Linux 操作系统源自一个包含数千名程序员的团体。甚至这本书一开始的故事中的莱特兄弟，他们的第一架飞机的大部分部件都是从其他飞行员那里借来的，而如今飞机上使用的几乎所有技术，比如副翼甚至轮子，都是别人发明的。这些创造者的团体合作有时是面对面，有时是随着时间和距离，将他们的创造力提升到了一个新的水平。

互联网改变了我们的合作方式，这是自电报和电话发明以来团队创造力的最大进步。社交媒体技术令人兴奋地成倍扩大了合作的创造力。如今，我们可以在任何地方和任何人联系。我们建立了成千上万的团队，你的智能手机可以让你通过 Twitter、Facebook、短信和电子邮件与他人保持联系。我们分享创造力的小火花，我们的想法建立在彼此的想法之上。但这些想法数量巨大，毕竟每一秒都有无数的想法在网络上传播，没有人能记住甚至看到它们。幸运的是，在社交媒体和搜索引擎的帮助下，我们可以记录每一个想法，每一条信息，每一个小火花，这些都是合作的鲜活历史。当我们需要的时候，我们可以找到那难以捉摸的想法，那些激励我们前进的创意火花。

我写这本书中的目的是向读者介绍令人惊讶的合作创新的新科学。我的研究表明，合作是建立在良好的沟通基础上的，沟通就像即兴表演一样。比如爵士乐或即兴表演，这是无法预测的，不过这是朝着一个没有人可以预料到的目标并且令人兴奋的目标前进的。每个人都为创新做出了贡献，但没有人真正拥有它们。在这本书中，你读到了很多关于创意组织的故事：创造了经久耐用的吉他弦的团队，即兴发挥的篮球比赛，当灾难来袭时（比如 1980 年的那不勒斯地震）或当一艘海军舰艇有搁浅的危险时的应急反应。

这些合作成功的案例展示了团队心流的力量，以及效率峰值的状态。当我们经历团队心流时，会对即兴的、迭代的创意过程有一种直观的感觉。这是一种内在激励，我们寻找它是因为它有趣，因为我们喜欢同步。当这个团体超越它的成员时，无论是在爵士乐队、篮球队还是剧院中，我们都能感觉到它的存在。我们通过仔细倾听、融合自我、在熟悉和多变中平衡、培养为不可避免的失败做准备的心理安全感来发现团队心流。

团队心流的峰值状态，是当彼此开玩笑时，那些能激发想法的对话，是能产生令人惊讶和无法预测的创造力的即兴创作过程。合作网络带来的创新比任何一个人单独创造的都更令人惊奇和美妙。

这就是创意组织的智慧。

GROUP GENIUS
成为创意组织 ————————————————————————

1. 所有的创造力都建立在合作的基础上。即使当你是一个人的时候，你的想法也来自你之前与他人的接触和交流。我们所听到的孤独天才的故事被证明是错误的，真正的故事总是关于合作。

2. 互联网改变了我们的合作方式，这是自电报和电话发明以来团队创造力的最大进步。社交媒体技术令人兴奋地成倍扩大了实验室的创造力。

3. 要实现团队创造力，需要平衡好聆听和表达之间的关系。

　　创造力是一个神奇的话题。提及高创造力的人才，常常让人联想到那些天才，比如那些进入"浙大少年班""科大少年班"的神童。每逢周末，我们在北京的大街上常常可以看到家长们用各种交通工具送孩子去参加各类思维训练班和竞赛班，为了升学，也为了开发创造力。很多人认为这种努力只是一种后天的补偿，因为创造力一直就被视为是幸运女神的眷顾，可遇而不可求。

　　然而，北卡罗来纳大学教堂山分校教育创新杰出教授凯斯·索耶却奉劝我们放弃这种"天才的迷信"，提出团队创造力的全新观点。他说：创新不是个人的独角戏，创造力不是源于孤独的天才，而是更多地源于团队的合作与交流。同时，他还指出许多公司根本不知道该如何支持合作型的创造。

　　当 2006 年《时代周刊》就创造力主题采访索耶教授时，作为创造力的全球顶级专家之一的他提出："顿悟的到来不是令人惊奇的或具有神秘性的，片刻的顿悟可以追溯到先前有意图的勤奋工作和与他人的合作中，我们可以从合作中获得创造的威力，从而更频繁、更成功地产生顿悟！"

对这样的观点，我们深有同感。要将个体奇妙地融入团队，听到整体和谐节奏的同时，保有个体独特的声音是一件十分不易的事情，这需要管理者做很多的努力。2007 年，我们受中国科学院的委托对科学院的创新团队进行研究。在接近两年的时间中，我们研究了许多团队，走访了诸如"龙芯项目组"等知名团队。我们在走访中看到了成员融为一体与团队引导的力量，发现现实工作中的诸多创造，的确是一种团队创造。基于这样的观点共振，我们翻译了此书。

在翻译中，我们发现这是一本发人深省、趣味横生的畅销书。在本书的第一部分，作者通过地震和飓风灾难的应急网络、军事团队和篮球比赛，有力地向大家展示通过合作进行创造的威力，并指出最有效的合作是即兴式的合作；在第二部分，作者与读者分享了很吸引人的心智合作方面的新研究成果，告诉读者顿悟实际上是以合作为基础；第三部分则将目光转向现实世界中震撼性的创新，指出一些著名的发明并不是出自孤独的天才，诸如电报不是摩尔斯发明的、电灯不是爱迪生发明的、飞机也不是莱特兄弟发明的，事情的真相就是这些都是团队创造的结果。作者还带领读者进入一些当今最为创新的企业——思科公司和苹果公司，eBay 等互联网公司、美国全食超市公司和宝洁等零售商，以及丰田和 3M 等制造商，并且讲述它们是如何通过组织设计将合作最大化，进而取得成功的。

　　基于本书话题的普及性，案例的趣味性以及作者研究的专业性，我认为本书适合以下人群：企事业管理人员，尤其是创意型企业的管理人员，从事各类创造与创新工作的人员，从事创造力研究的应用心理学专业的本科生、研究生和教师，以及对创造力感兴趣的各类社会人士阅读。

　　创造与创新是当前经济发展中一股重要的推动力量。随着创意经济、创新型国家等口号的提出，人们对创造力和创新的关注达到了有史以来的顶峰。从家庭、学校、公司到政府机构，大家都在谈论创造力、培育创造力。也许此书在向我们提出启示的同时，也向我们提出了一个艰巨的挑战：整个社会，包括政府、企业、学校都应当做些什么？应当如何改变规则以促进团队创造力？

未来，属于终身学习者

我这辈子遇到的聪明人（来自各行各业的聪明人）没有不每天阅读的——没有，一个都没有。巴菲特读书之多，我读书之多，可能会让你感到吃惊。孩子们都笑话我。他们觉得我是一本长了两条腿的书。

——查理·芒格

互联网改变了信息连接的方式；指数型技术在迅速颠覆着现有的商业世界；人工智能已经开始抢占人类的工作岗位……

未来，到底需要什么样的人才？

改变命运唯一的策略是你要变成终身学习者。未来世界将不再需要单一的技能型人才，而是需要具备完善的知识结构、极强逻辑思考力和高感知力的复合型人才。优秀的人往往通过阅读建立足够强大的抽象思维能力，获得异于众人的思考和整合能力。未来，将属于终身学习者！而阅读必定和终身学习形影不离。

很多人读书，追求的是干货，寻求的是立刻行之有效的解决方案。其实这是一种留在舒适区的阅读方法。在这个充满不确定性的年代，答案不会简单地出现在书里，因为生活根本就没有标准确切的答案，你也不能期望过去的经验能解决未来的问题。

湛庐阅读APP：与最聪明的人共同进化

有人常常把成本支出的焦点放在书价上，把读完一本书当作阅读的终结。其实不然。

> 时间是读者付出的最大阅读成本
> 怎么读是读者面临的最大阅读障碍
> "读书破万卷"不仅仅在"万"，更重要的是在"破"！

现在，我们构建了全新的"湛庐阅读"APP。它将成为你"破万卷"的新居所。在这里：

- 不用考虑读什么，你可以便捷找到纸书、有声书和各种声音产品；
- 你可以学会怎么读，你将发现集泛读、通读、精读于一体的阅读解决方案；
- 你会与作者、译者、专家、推荐人和阅读教练相遇，他们是优质思想的发源地；
- 你会与优秀的读者和终身学习者为伍，他们对阅读和学习有着持久的热情和源源不绝的内驱力。

从单一到复合，从知道到精通，从理解到创造，湛庐希望建立一个"与最聪明的人共同进化"的社区，成为人类先进思想交汇的聚集地，与你共同迎接未来。

与此同时，我们希望能够重新定义你的学习场景，让你随时随地收获有内容、有价值的思想，通过阅读实现终身学习。这是我们的使命和价值。

湛庐CHEERS

湛庐阅读APP玩转指南

湛庐阅读APP结构图：

12+图书订阅服务
纸质书
有声书   **读什么**
电子书

优秀的读者和终身学习者   **与谁共读**

湛庐阅读APP

怎么读   泛读：一书一课
                 通读：通识课
                 精读：精读班

跟谁读   作者、译者、专家、推荐人和阅读教练

三步玩转湛庐阅读APP：

读一读▼

湛庐纸书一站买，
全年好书打包订

书城

听一听▼

泛读、通读、精读，
选取适合你的阅读方式

精读班 一书一课
       通识课

扫一扫▼

买书、听书、讲书、
拆书服务，一键获取

扫一扫

APP获取方式：
安卓用户前往各大应用市场、苹果用户前往APP Store
直接下载"湛庐阅读"APP，与最聪明的人共同进化！

湛庐CHEERS

使用APP扫一扫功能，
遇见书里书外更大的世界！

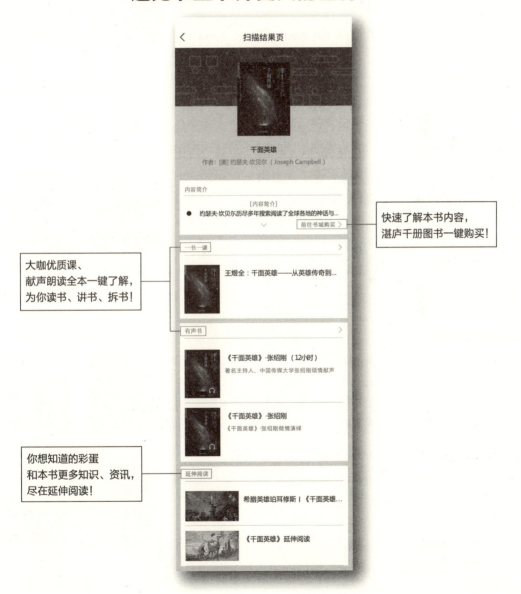

大咖优质课、
献声朗读全本一键了解，
为你读书、讲书、拆书！

快速了解本书内容，
湛庐千册图书一键购买！

你想知道的彩蛋
和本书更多知识、资讯，
尽在延伸阅读！

延伸阅读

《如何领导天才团队》

ISBN 978-7-220-11270-6

◎ 著名管理学专家、哈佛大学领导力研究中心主任，TED 演讲嘉宾、全球最具影响力的 50 大思想家、畅销书作者琳达·希尔领衔，深入探讨创新与领导力的关系。

◎ 荣获 2015 年公理商业图书奖金奖，入选《商业内幕》杂志"2014 年20 本最佳商业图书"榜单。

◎ IDEO 总裁蒂姆·布朗、领英联合创始人里德·霍夫曼、美国运通董事长肯尼思·切诺尔特、通用电气高级副总裁马克·利特尔、MIT 媒体实验室主任伊藤穰一、创新管理大师克莱顿·克里斯坦森联袂推荐。

《如何创建天才团队》

ISBN 978-7-220-11316-1

◎《福布斯》出版人、企业文化专家里奇·卡尔加德联手硅谷知名记者迈克尔·马龙，探究高效团队背后的新科学！

◎ 深入阐述古老的团队合作机制及影响团队绩效的规模因素，令人耳目一新！

◎ 管理学大师汤姆·彼得斯、FedEx 创始人弗雷德里克·史密斯、微软CEO 萨提亚·纳德拉、《赫芬顿邮报》创始人阿里安娜·赫芬顿、通用电气 CMO 康贝丝、奇点大学执行主席彼得·戴曼迪斯联袂推荐。

《奈飞文化手册》

ISBN 978-7-5536-7805-4

◎ 奈飞公司前首席人才官帕蒂·麦考德首部力作，阅读与下载超过 1500 万次的奈飞内部文件的详细解读。

◎ Business Insider 2018 年度最值得阅读的领导力书籍榜单作品。

◎ 奈飞创始人里德·哈斯廷斯诚意力荐。

《七个天才团队的故事》（纪念版）

ISBN 978-7-213-07714-2

◎ 领导力之父、组织发展理论先驱沃伦·本尼斯的代表著作，他的领导力思想、理论与实践具有广阔的历史视野、精微的人文情怀、如炬的全球前瞻。

◎ 是了解近代西方领导力思想，认识现代组织的领导力真谛，迎接当下和未来的领导力挑战的必读书籍，对从事颠覆式技术创新的创业团队尤有启发。

◎ 揭示了成功很少是一个人造就的，很多看似个人取得的成功，其实是许多伟大头脑相互激荡的结晶。

图书在版编目（CIP）数据

如何成为创意组织/（美）凯斯·索耶著；汤超颖，
高鹏，元颖译.—成都：四川人民出版社，2019.12
ISBN 978-7-220-11461-8

Ⅰ.①如… Ⅱ.①凯… ②汤… ③高… ④元… Ⅲ.
①企业管理－组织管理学 Ⅳ.① F272.9

中国版本图书馆 CIP 数据核字（2019）第 261875 号
著作权合同登记号
图字：21-2019-274

上架指导：企业管理

RUHE CHENGWEI CHUANGYI ZUZHI
如何成为创意组织

［美］凯斯·索耶　著

汤超颖　高鹏　元颖　译

责任编辑：林袁媛
版式设计：湛庐CHEERS
封面设计：ablackcover.com

四川人民出版社
（成都市槐树街 2 号　610031）
天津中印联印务有限公司印刷　新华书店经销
字数 230 千字　720 毫米 ×965 毫米　1/16　19 印张　0 插页
2019 年 12 月第 1 版　2019 年 12 月第 1 次印刷
ISBN 978-7-220-11461-8
定价：89.90 元